SANXINGDUI IN DIALOGUE WITH ANCIENT RUINS

三星堆
对话古遗址

川观新闻 编著

四川人民出版社

图书在版编目（CIP）数据

三星堆对话古遗址 / 川观新闻编著. --
成都：四川人民出版社，2024.8. --
ISBN 978-7-220-13762-4

Ⅰ. K878.3；I253

中国国家版本馆CIP数据核字第2024NP8097号

SANXINGDUI DUIHUA GU YIZHI
三星堆对话古遗址

川观新闻　编著

出 版 人	黄立新
责任编辑	邓泽玲
装帧设计	张迪茗
责任校对	吴　玥
责任印制	祝　健
出版发行	四川人民出版社（成都市三色路238号）
网　　址	http://www.scpph.com
E-mail	scrmcbs@sina.com
新浪微博	@四川人民出版社
微信公众号	四川人民出版社
发行部业务电话	（028）86361653　86361656
防盗版举报电话	（028）86361661
照　　排	四川胜翔数码印务设计有限公司
印　　刷	成都博瑞印务有限公司
成品尺寸	166mm×235mm
印　　张	14.25
字　　数	175千
版　　次	2024年8月第1版
印　　次	2024年8月第1次印刷
书　　号	ISBN 978-7-220-13762-4
定　　价	78.00元

■版权所有·侵权必究
本书若出现印装质量问题，请与我社发行部联系调换
电话：（028）86361656

编委会

主　　编：陈岚　李鹏

副 主 编：叶建平　姜　明　赵晓梦

执行主编：吴晓铃

编　　委：刘若辰　颜　婧　王国平　吴梦琳
　　　　　成　博　李　婷　边　钰　简　霞
　　　　　栾　静　裴　蕾　王向华　杨　昕
　　　　　余义勇　张运骄　吴　枫　韦　维
　　　　　向　宇

代序

在行走中触摸中华文明早期的脉动

中华文明源远流长，博大精深，灿烂辉煌，是世界上唯一绵延不断且以国家形态发展至今的伟大文明。2024年元旦前夜，习近平总书记曾在新年贺词里饱含深情地点赞："中国是一个伟大的国度，传承着伟大的文明。在这片辽阔的土地上，大漠孤烟、江南细雨，总让人思接千载、心驰神往；黄河九曲、长江奔流，总让人心潮澎湃、豪情满怀。良渚、二里头的文明曙光，殷墟甲骨的文字传承，三星堆的文化瑰宝，国家版本馆的文脉赓续……泱泱中华，历史何其悠久，文明何其博大，这是我们的自信之基、力量之源。"

中华文明在形成和早期发展阶段留下了哪些辉煌印迹？中华文明又是如何从"满天星斗"，最终在相互学习交流中取长补短、共同发展，最终百川归海从多元走向一体？"沉睡数千年、一醒惊天下"的三星堆，创造了灿烂的青铜文明，它在历史上和中原文明以及长江中下游文明又经历了怎样的交流？这些交流怎样印证了中华文明的五种突出特性——连续性、创新性、统一性、包容性、和平性？诸多问题，或许每一个中国人都希望能够得到答案。

2021年3月，三星堆遗址祭祀区新发现的6座祭祀坑"再醒惊天下"。陆续公布的金面具、顶尊跪坐人像、青铜面具等最新考古成果，让学术界一致认为三星堆新出土文物生动见证了中华文明的多元一体。作为三星堆遗址祭祀区考古发掘专家咨询组组长，我有幸见证了三星堆又一次重大考古成果的出炉。

让我没有想到的是，作为一家省委机关报，《四川日报》在三星堆遗址祭祀区当年尚在发掘之际，就策划推出了"寻根五千年中华文明，三星堆对话古遗址"大型融媒报道，10多名作者从三星堆出发，兵分三路，对黄河流域、长江流域的11处史前遗址进行了寻访，并且直接与遗址的相关发掘负责人及专家进行对话，推出了一组站位高远、内容丰富的报道，揭开了中华文明从孕育走向壮大的生生不息的历史画卷。

本书在当年报道内容的基础上，进行了深入的整合与升华。

当我们凝视历史的时候，也被它们凝望。那些藏于一物一器的目光，汇成灿烂星光，指引我们前往文明的深处。

从本书中，我们可以看到为什么浙江良渚遗址是"实证中华五千多年文明史的圣地"，可以发现安徽凌家滩遗址的先民们早在5800年至5300年前就能制作出精美的玉器。我们也可以在河南仰韶村遗址和甘肃马家窑遗址欣赏到中国史前彩陶的发展与流变，在陕西石峁遗址看到早在距今约4300年至3800年前，这里便建起了面积约400万平方米的城址，文明的灯塔在黄土高原高高矗立。我们还可以看到中华文明在黄河流域的根深叶茂，山西陶寺遗址不仅是中国史前第三大城址，还极可能是"最初的中国"、帝尧之都；河南二里头遗址为什么是最早的中国，最可能的夏都；为何夏商周断代工程首席专家之一的李伯谦会说"就考古学而言，没有哪处遗址的重要性超过殷墟"……

通过殷墟、二里头、陶寺、马家窑、盘龙城等多处遗址的发掘人的讲述中，我们也能了解到地处西南的三星堆，曾经如何以开放包容之姿突破蜀道之难，与中原文明与长江中下游文明建立起紧密联系，最终创造了伟大、瑰丽而独特的文化瑰宝——三星堆文明。

书中的文章，让我们跟随作者寻踪的脚步触摸到了中华文明的根脉，也直观理解到了为什么三星堆是中华文明多元一体的生动见证。

却顾所来径，苍苍横翠微。2023年7月，习近平总书记前往三星堆视察，指出"三星堆遗址考古成果在世界上是叫得响的，展现了四千多年前的文明成果，为中华文明多元一体、古蜀文明与中原文明相互影响等提供了更为有力的考古实证"，向广大考古工作者表示了衷心感谢和崇高敬意。

考古工作是展示和构建中华民族历史、中华文明瑰宝的重要工作。认识历史离不开考古学。四川日报全媒体对11处史前遗址的寻根，从见证中华文明源远流长、见证中华文明多元一体、见证中华文明博大精深和梳理中华文明脉络版图的层面，回溯中华文明形成和发展阶段的"满天星斗"，看这些融于中华民族的文化血脉，如何贯穿历史，成长为中华民族伟大复兴历史进程中的精神脊梁，迸发出无尽的力量。

中国社科院学部委员、中国文联特聘专家　王巍

2024年6月25日

目录

西北行

马家窑遗址 ...003
彩陶之巅,揭开黄河上游史前文化灿烂一角 ...005
从马家窑到川西,一条 5000 年前的"彩陶传播之路" ...018

石峁遗址 ...021
史前最大古城石峁遗址,中华文明多元一体的鲜活见证 ...023
石峁和三星堆,对神的共同认知、共同的精神信仰 ...035
石峁为何跻身世界十大考古发现? ...037

宝山遗址 ...039
宝山遗址,连接中原与巴蜀的"中转站"? ...040
宝山遗址藏着哪些文化密码? ...051
宝山人曾来过成都金沙? ...053

中原行

陶寺遗址 ...057
走进"最初的中国",最有可能的"尧都" ...058
三星堆的铸铜技术可以追溯到陶寺? ...072

二里头遗址 ...075
最早的中国,最可能的夏都 ...077
从三星堆到二里头,"同款"文物的背后 ...087

殷墟遗址 ...093
殷墟,一个王朝的背影 ...095
相似的青铜和玉璧背后,是三星堆与殷墟密切的文化交流 ...107
殷墟,中华五千年文明史的璀璨明珠 ...110

为何殷墟"大都无城"? 113
商代人日常书写应是毛笔字 115

仰韶村遗址 117
中国现代考古学百年,从仰韶诞生 119
写进教科书的仰韶文化小口尖底瓶,是盛酒的? 129

长江行

石家河遗址 133
庞大恢宏的史前古城 135
从"撞脸"的神人头像,看文化跨越时空的交流 145

盘龙城遗址 147
商代青铜文明的"十字路口" 148
从中原到古蜀,纹样上的文明交流密码 158

凌家滩遗址 159
中国史前第一个玉文化高峰在这里诞生 160
玉人与青铜人的时空对视 172

良渚遗址 175
良渚,实证中国五千年文明史 177
从良渚到三星堆、金沙,玉琮的奇幻"漂流" 188
"神树"知道答案 190

源远流长,五千年画卷波澜壮阔 193
博大精深,灿烂辉煌,古老的智慧传承至今 201
多元一体,满天星光闪耀中华 209

寻根五千年中华文明

· 三星堆对话古遗址

马家窑遗址

宝山遗址

xungen wuqiannian
zhonghua wenming

石峁遺址

西北行

马家窑遗址

MA JIA YAO YIZHI

1924年,瑞典地质学家、考古学家安特生首先对甘肃马家窑遗址进行了调查,并将其称为『甘肃仰韶文化』。

20世纪40年代,中国考古学专家夏鼐在马家窑遗址开展调查,认为这是一种独特的文化类型,后将其命名为『马家窑文化』。

1988年,马家窑遗址被国务院公布为第三批全国重点文物保护单位。

2021年10月18日,『第三届中国考古学大会』公布了『百年百大考古发现』名单,马家窑遗址入选新石器(33项)项目。

遗址名片

地理位置:甘肃省临洮县马家窑村

所处时代:距今5300到4000年

遗址保护核心面积:约10万平方米

郎树德

中国博物馆协会史前遗址专家委员会顾问、甘肃省文物鉴定委员会委员、甘肃省文物考古研究所研究员

马家窑遗址航拍

彩陶之巅，
揭开黄河上游史前文化灿烂一角

  1924年春，西北高原绿树吐青、田野渐腴，瑞典考古学家安特生和助手离开兰州，沿洮河一路考察。在岸边一处名叫马家窑村的附近，发现了几千年前的古文化遗址。尔后，经过几代考古人的接续研究，以该地命名的马家窑文化和甘肃彩陶闻名遐迩。

  马家窑文化是黄河上游新石器时代晚期文化，有马家窑、半山、马厂三个类型。早期由河湟流域中心区向西、向南发展，曾南传至四川北部，对后来的三星堆和金沙文化产生了影响。中晚期则往北、向西传播，曾发展至新疆东部。

如今，在马家窑文化遗址回望历史，它像一把钥匙，打开了通往黄河上游史前斑斓文化的大门，不仅勾勒出远古辉煌的彩陶艺术，更向我们展现了看得见、摸得着的中华民族真实存在的早期文明的辉煌，它渐次向西传播，使原始狩猎方式逐渐转变为定居的农耕文化，初步具备了文明社会开始形成的基本标志。

庄稼地下藏着史前风华

> 目前主要有两种观点：一种认为这是甘肃中部独立起源的本土文化，在其发展过程中，接受了仰韶文化的影响；另一种观点则认为马家窑文化是继承仰韶文化而发展起来的。
> ——郎树德

马家窑遗址航拍

马家窑遗址

甘肃兰州以南的临洮,洮河由南向北汇入黄河。洮河两岸,距今约5000年前就已有先民在此繁衍生息,创造了闻名的马家窑文化。

中国博物馆协会史前遗址专家委员会顾问、甘肃省文物鉴定委员会委员、甘肃省文物考古研究所研究员郎树德介绍,马家窑遗址包括南自巴马峪沟、北至祁家沟、东起洮河西岸二级台地边缘、西抵瓦家大山山坡,东西600米到1200米,南北约1400米。遗址保护核心面积约10万平方米。近百年前,安特生就在巴马峪沟处发现了马家窑遗址,揭开了沉寂几千年的文化瑰宝灿烂一角。

如今的马家窑遗址已经回填,静静躺在脚下,上面种满了庄稼。旁边的巴马峪沟绿意盎然,像一条悦动的绿丝绦,横贯两山。宁静、普通的村野场景,让人难以想象百年前这里曾有一场石破天惊的发掘。不过,人们可以在安特生的《龙与洋鬼子》一书中,重温当时的"盛景":"向导领着我们一步步登高爬到西坡的时候,我们相当惊奇,我们登高了数百米,肥沃的河谷远远落在我们身后,像一条深绿色的带子;再远望,更遥远的谷地也呈现在眼前,这是我从未有过的经历。我们终于来到一个高地,这里地势高亢,视野开阔。堆土中,彩陶的碎片随处可见……"

沉睡已久的马家窑文化向安特生展示了自己绚丽色彩的一角,这让他兴奋不已,在随后发表的《甘肃考古记》一书中,安特生总结:"甘肃考古,为期二年。足迹所涉,几及甘肃省大半。所得结果,颇出意料所及。"

这份"惊喜"在随后的岁月吸引了不少考古学者的注意。继安特生后,20世纪三四十年代起,著名学者裴文中、顾颉刚等专程考察马家窑等遗址。著名考古学家夏鼐命名了马家窑文

郎树德介绍马家窑文化

彩陶是打开马家窑文化的"密码"

化,经过几代人的接续研究,马家窑文化分布范围逐渐被勾勒,其主要分布在甘肃中部地区,以陇西黄土高原为中心,东起渭河上游及六盘山,西至河西走廊与青海省东北部,北达宁夏回族自治区南部,南抵四川省北部茂县、汶川一带。

因为都有彩陶,且在文化上存在某种相似,马家窑文化似乎自出生起就和仰韶文化捆绑在一起,关于它们的争论也此起彼伏。郎树德说,目前主要有两种观点:一种认为这是甘肃中部独立起源的本土文化,在其发展过程中,接受了仰韶文化的影响;另一种观点则认为马家窑文化是继承仰韶文化而发展起来的,"不过,比较清晰的是,河西走廊的马厂类型文化因素,被后来的四坝文化所继承。在甘肃的整个青铜文化时期,彩陶始终绵延不绝,马家窑文化对后世仍然发挥着不可低估的影响"。

田园牧歌从这里飘起

考古人员在当地还发现了少量的精致捕鱼工具、石球等,这说明马家窑文化时期的狩猎采集活动是一种辅助性生产。马家窑文化时期的原始手工业有石器制造、纺织和制陶等。这些都说明马家窑文化先民已经从对自然的攫取过渡到生产经营阶段。

——郎树德

位于洮河流域,马家窑遗址拥有黄厚土地。大河冲积平原、河水冲刷形成的台地、丘陵岗地,地势开阔,土质肥沃,再加上温暖的气候,这里适合农业耕作。

马家窑文化时期的聚落遗址,多数分布于黄河及其支流两岸的马兰台地上,接近水源,土壤发育良好。古老的先民依河而居,并进行农业种植。1977年东乡林家遗址,出土了成捆带秆带穗的炭化植物,考古一般称之为"黍"及大麻籽等,许多

工作人员整理彩陶片

旋涡纹双耳彩陶壶

花叶纹双耳彩陶壶（耳朵已损坏）

内彩变体人面纹彩陶盆

勾曲圆圈网线纹彩陶盆

遗址出土的大型瓮罐中，储藏有粟。由此看来，粟和黍应为马家窑先民主要的农作物，这也说明中国北方史前文化，粟作农业区包括了黄河上游地区。

2014年起，中国社会科学院考古研究所西北工作队联合甘肃省文物考古研究所先后4次对马家窑遗址进行考古发掘，揭露面积近2000平方米。在这里发现大量陶片石器、骨器、动物遗骸，以及大小各异的房屋遗址、灰坑、灰沟、陶窑，为勾勒先民生活场景，提供更多翔实的证据。

"考古人员在当地还发现了少量的精致捕鱼工具、石球等，这说明马家窑文化时期的狩猎采集活动是一种辅助性生产。"郎树德还提到，马家窑文化时期的原始手工业有石器制造、纺织和制陶等。这些都说明马家窑文化先民已经从对自然的攫取过渡到生产经营阶段。

生产水平的提高，使得粮食充裕起来。为了保存粮食，先民房屋附近还设有存储粮食的窖穴。不过，当时的房屋造型却迥异于今日。郎树德说，当时马家窑先民的房屋多为半地穴式建筑，也有平地起建的房屋，在东乡林家和永登蒋家坪遗址曾发现了分间房屋。"平面形状有长方形、方形和圆形三种，以长方形房屋较为多见。长方形、方形房屋面积一般在10平方米至30平方米之间，屋内中部偏前有圆形火塘，门外常挖一小方形门道。"圆形房屋多为半地穴浅坑，进门有火塘，复原形状推测立面呈圆锥形。

此外，马家窑文化时期的墓地在住地附近，位于比遗址更高的山坡上。盛行公共墓地，大多为土坑墓，有长方形、方形和圆形等，以长方形居多。晚期发现有木棺等葬具。"墓葬内一般都有随葬品，有生产工具、生活用具和装饰品等。以陶器为主，少数随葬粮食和猪、狗等家畜。随葬品在数量与质量上，都存在着差别，并且越到晚期差别越大，有的随葬品甚至多达100余件，而有的却一无所有。这种贫富差距的增大，深刻表明社会的分化加剧。"

旋纹圈足三联杯

千百年来,文明火种绵亘在这里,人们依河而居,放牧耕作。对于马家窑文化的更多谜底,还有待于进一步发掘。

圆圈纹敛口彩陶罐

千年的艺术风华穿越而来

在甘肃彩陶迈入鼎盛时,同时期的全国其他地方,如陕西、河南等地却都陷入了彩陶的衰落期。这是为何?

马家窑文化以发达的彩陶著称于世,在仰韶文化的影响下,甘肃彩陶从马家窑文化开始,进入灿烂辉煌的鼎盛阶段,成就

彩陶

彩陶勺

达到了史前彩陶艺术的巅峰。彩陶比例一般占陶器50%以上，有的遗址多达90%，除日常生活使用之外，还大量用作随葬品。器型繁多、陶质坚固、器表光亮，彩绘线条流畅细致、纹饰繁缛精细，风格绚丽而典雅，艺术表现力和感染力达到了前所未有的高度。

在临洮县博物馆，人们可以看见大量从马家窑遗址发掘出的彩陶。旋涡纹双耳彩陶壶、弦纹彩陶双耳瓶、旋涡纹彩陶双耳罐……橙黄色陶体上，这些千年前的艺术纹饰放到现在来看，都具有极高的审美价值。

先民们将生活中的动植物的形象，艺术化绘制于陶器上，留下文明密码。如今，人们通过这些图纹，不仅可以窥见当时人们对于自然的认知和敬畏，也能感受到当时生产生活方式的气息。

郎树德介绍，早期年代，马家窑彩陶多为橙黄陶，浓墨重彩，兼有少量白彩。大面积彩绘、通体彩绘及内壁彩绘较为盛行。纹饰以水波纹、旋涡纹最为多见，比如，在马家窑遗址出土的旋涡纹双耳彩陶罐，充满了旋涡纹。彼时，以河流百川为描绘的主题，成为这一时期纹饰的突出特点。"不少彩陶上都绘有浪花翻卷的纹饰，表达了人们对黄河母亲的热爱之情，生生不息的黄河为世人瞩目的彩陶，注入了独特的艺术魅力。"

除了水波纹、旋涡纹，还有网格纹、平行线纹、同心圆纹，以及生动活泼、意趣盎然的蛙纹、蝌蚪纹、舞蹈纹等。到了中期年代，半山彩陶胎体轻薄，器型浑圆饱满，图案富丽堂皇。红彩与细密锯齿纹的大量使用，是半山彩陶的两大标志，也是

平行线弥条纹彩陶瓶

将彩陶艺术推至巅峰阶段的重要元素。晚期年代，马厂彩陶又逐渐回归于单色黑彩，但却流行红色陶衣。器类较前复杂多样，纹饰图案多有创新。

如果以时代为坐标，人们会发现一个有趣现象。在甘肃彩陶迈入鼎盛时，同时期的全国其他地方，如陕西、河南等地却都陷入了彩陶的衰落期。这是为何？"我想可能因为甘肃东部地区还是属于黄土高原，它和河南、陕西的地理条件不一样，它相对来说海拔高、山多，是一个比较闭塞的地方。马家窑文化前，中原地区的文化可以源源不断地进来，但当马家窑文化成为一个以本土地域为特色的'强势集团'后，陕西的龙山文化就再也传不进来。正是这样的缘由造就了它的彩陶繁盛期，前后大概延续了一千年左右。"

但这并不意味着马家窑文化是一个封闭的文化系统，如果把视野放宽一点，会发现马家窑文化在早期中国的对外交流中起到了非常重大的作用。中国人民大学教授韩建业就提出，在丝绸之路，就有彩陶之路。他认为"彩陶之路"是早期中西文化交流的首要通道，是"丝绸之路"的前身，对中西方文明的形成和发展都产生过重要影响。

学者刘学堂在《史前彩陶之路终结"中国文化西来说"》一文中，也提及了马家窑文化的交流作用。他说，史前彩陶之路最早可以上溯至黄河流域新石器时代初期。彩陶文化传入甘、青地区后，再度复兴，创造了西北甘青史前彩陶新的辉煌，并积蓄了继续西进的力量……在而后西渐过程中，彩陶文化沿途不断与当地文化交流、融合，逐渐形成新的地方性的考古文化。

宇宙洪荒，岁月连绵，沿着史前彩陶之路，黄河流域的居民携带着独特的彩陶艺术和其他农业文化要素，艰难跋涉，最终将中原远古文化与古老的西域文化融为一体，展示出波澜壮阔的历史画面。

从马家窑到川西,
一条 5000 年前的"彩陶传播之路"

位于黄河上游、甘青高原的马家窑文化,以绚烂史前彩陶艺术而闻名。距今约 5000 年的马家窑先民,将传承于仰韶的陶土艺术"玩"到极致,开创出一个彩陶艺术巅峰。旋涡纹、水波纹、鸟纹、网格纹、平行线纹、同心圆纹、蛙纹、蝌蚪纹、舞蹈纹……彩陶流畅的线条、复杂的图形交织,充满想象力又呈现对称之美。

彩陶线条流畅

彩陶呈对称之美

人们通过纹饰可窥见当时的文明暗语

马家窑彩陶线条和图形交织

位于川西北岷江上游的茂县营盘山遗址等，是一处新石器晚期大型聚落遗址群，距今5300年至4600年，与马家窑同时期。近年来，随着当地的考古发掘持续进行，也发现了大量彩陶，这些彩陶是当时先民们重要的生活器具，不少陶器带有明显的马家窑彩陶风格。此外，在大渡河的中上游，也发现过彩陶。

"四川西部地区本无制作彩陶的渊源和传统，川西彩陶是受外来文化因素影响的产物，据考古资料推断，川西彩陶的存在时间前后跨度近1000年之久。"成都文物考古研究院营盘山遗址考古现场领队陈剑介绍，在受外来文化影响中，很明显的是有来自仰韶庙底沟文化以及黄河上游马家窑文化的影响，例如圆圈纹、蛙目纹、网格纹等马家窑彩陶的典型纹饰，在川西彩陶中都有所见。

因此，在学界看来，在5000年前，从甘青地区到川西，就已存在一条"彩陶传播之路"，那这样的"传播"是以什么样的方式进行的呢？究竟是"技术输入"还是直接的"产品输入"，对此学界都有着不同的看法。

陈剑介绍，此前，考古人员专门开展了一项课题，对川西部分遗址所发现的彩陶进行了成分分析，发现彩陶与素面陶采用了完全不同的陶土，更接近于同时代甘青地区马家窑文化陶器的成分。"因此我们猜测，这些彩陶有可能是自甘青烧制好后以贸易等方式传输过来的，在5000年前或许已存在一条'彩陶贸易之路'。"陈剑说，但同时，彩陶制作技术、原料乃至于工匠输入的可能性也是存在的。

陈剑说，在川西所发现的彩陶，还有草卉纹、鸟目纹、弧线太阳纹等类型，目前在川西以外地区很少发现同类题材彩陶，应当为川西地区在吸收外来文化后独创的地域特色产物。

石峁遗址

SHI MAO YIZHI

2011年，入选世界年度十大重要田野考古发现。
2019年，入选中国六大考古新发现。
2020年，入选2011—2020年世界十大考古发现。

遗址名片

地理位置：陕西省神木市高家堡镇石峁村
所处时代：距今4300—3800年
遗址面积：400余万平方米

邵 晶

陕西省文物考古研究院研究馆员

石峁遗址"华夏第一门"

史前最大古城石峁遗址，中华文明多元一体的鲜活见证

石峁遗址为新石器时代晚期中国乃至东亚地区最大的城址，其超大型建成规模、宏大的建筑、复杂的宗教祭祀现象、大量精美玉器等的发现，揭开了黄土高原上一处神秘王国都邑的面纱，让世人得以一窥它曾经的极致辉煌。

在中华文明的起源和早期发展过程中，各地区的古人都创造着特色鲜明的辉煌文化，文明恰如"满天星斗"。石峁古城从发掘成果开始公布之日起，便在考古界引起"石破天惊"的巨大震撼。它的价值正如牛津大学中国艺术和考古学教授杰西卡·罗森所言："石峁和其他许多遗址一起，表明中国的文明有许多根基，并不只限于黄河中游的中原地区。"

一座超大型史前城址

> 即使在 4000 年后的今天,经过风雨剥蚀仍然让人感觉到气势恢宏、威严高大、庄严肃穆……
>
> ——邵晶

如果从西安出发到石峁遗址,需要先乘飞机到榆林,再坐两小时汽车才能到达。

这处遗址位于榆林神木市高家堡镇,地处黄土高原北部、毛乌素沙漠南缘的黄河一级支流秃尾河及其支流洞川沟交汇的台塬梁峁之上。黄土高原沟壑纵横,呈现和成都平原全然不同的苍凉地貌。在蜿蜒的盘山公路上一路攀爬,秃尾河北岸山峁上,一座盘延在山梁之上的古城,开始闯入眼帘。

即使探访前做过大量功课,石峁遗址呈现的巨大规模,仍然让人十分震撼。这是一座由石头"砌"出来的城。石峁人把黄土高原上独立的小山包用石头垒筑包裹,气势恢宏、巍峨壮丽,宛如一座超大型的平顶金字塔。

陕西省文物考古研究院研究馆员邵晶介绍,石峁遗址 400

石峁遗址全景图

余万平方米,面积超过了良渚遗址(300万平方米)和陶寺遗址(280万平方米)。它以"皇城台"为核心,构建起了内城和外城的三重城垣结构。外城墙总长度约10公里,现在还能见到一段段的残存;内城墙则将"皇城台"包围其中。城墙依山而建,坚固雄厚,多达9级的护城石墙,最高达到了70多米。最核心的"皇城台",底部面积约24万平方米,台顶面积8万平方米,形成一个约190万平方米的封闭空间。

漫步石峁遗址,不能不感叹这座最大史前城址的构筑精良。

"皇城台"台顶,如今是一座面积巨大的"广场"。然而调查勘探显示,这里其实有成组分布的宫殿建筑基址,面积不小于2000平方米,北侧还有池苑遗址。

周边石墙上,偶有石雕装饰。2018年,考古人员在清理这片护城石墙时,一共发现了30多件石雕,大部分出土于倒塌的墙体石块内,但仍有部分镶嵌于墙面之上。现场可以看到,这些石雕既有菱形的眼状装饰,也有神人面、动物等形象,呈现成熟的艺术构思和精湛的雕刻技艺。

"皇城台"第二、三级的护城墙体上,还可看到许多孔洞,内插圆木。这种结构,类似于今日在混凝土结构中加入钢筋,起到维护建筑稳固的作用,即北宋《营造法式》中记载的"纴木"。史学界一般认为纴木最早出现在汉朝,而石峁人在

4000多年前已会使用"纴木",堪称古代建筑技术的创举。

外城东门址,是近年考古揭露的一处重要遗迹。它位于遗址区域内最高处,地势开阔、位置险要,和石峁城外东南方向一处位于山峁顶部、可能为哨所的地点樊庄子遥遥相望,考古人员称之为"华夏第一门"。

设计精巧的城门,不仅规划了双瓮城结构,城墙每隔一定距离还设计了突出的矩形墩台——马面,以防敌人从侧面攻击来袭。"这种双瓮城结构和马面,是目前中国发现的时代最早的瓮城和马面实例,也是国内确认的最早同类城防设施。"亲自参与发掘的邵晶情不自禁赞叹着古人智慧,"即使在4000年后的今天,经过风雨剥蚀仍然让人感觉到气势恢宏、威严高大、庄严肃穆……"

北方地区早期国家的都城

这样一处规模宏大的城址,一经发现便引起国内外学术界广泛关注。专家认为,石峁遗址极可能是一处4000多年前中国北方地区早期国家的都城。

石峁遗址出土的石雕

神面柱雕像

和三星堆一样，石峁早在20世纪20年代就已有玉器流出，受到古董商人关注。1976年，西北大学考古系教授戴应新赴陕北考古调查，在当地废品收购站工作人员指引下，赴高家堡镇征集到了100多件玉器，他敏锐地认识到，这里一定存在着一种高等级文化。戴应新顺藤摸瓜，找到了石峁，果然发现这里存在着一处规模宏大、经历长久岁月、内涵极为丰富的远古遗址。2011年，陕西省文物考古研究院开始对石峁遗址进行系统调查，并于次年开始正式发掘，进一步揭开了石峁古城的神秘面纱。

"我们首先调查出来它的面积为中国史前城址中最大，而且年代最早可达距今4300年左右。"邵晶说，"最关键的是，现在已基本可以确认它是当时一个早期国家的都城遗址，是公元前2300年中国北方区域政体的中心。"

在邵晶看来，只有一个国家的统治者，才能在生产力低下

精美石雕

的4000多年前，调动强大的人力物力修筑这样一座超大规模城址。石峁外城长达10公里，宽度不小于25米。若以残存最高处5米计算，总石料用量超过12万立方米。"如此大体量的建筑，所动用的人力非一个聚落人群可以承担，石峁的主人显然可以进行更大范围的人力控制和资源整合。"

整座城址，既追求防御上的固若金汤，也兼具了象征神权或王权的威仪和震慑力。"比如坚固雄厚的外东门城墙，既是提供防卫的实体屏障，也是石峁统治者的精神屏障。"

石峁的"王都之气"，不仅仅止于建筑。

"皇城台"被内外城墙环卫于最核心位置。近年来，考古人员在这里调查发现了石雕人头像、鳄鱼骨板、彩绘壁画等高等级遗存。他们还在东墙北坡处清理出多件筒瓦、板瓦残片，说明"皇城台"台顶存在着覆瓦的大型宫室类建筑，为推断"皇城台"为高等级贵族或"王"居住的核心区域提供了重要证据。

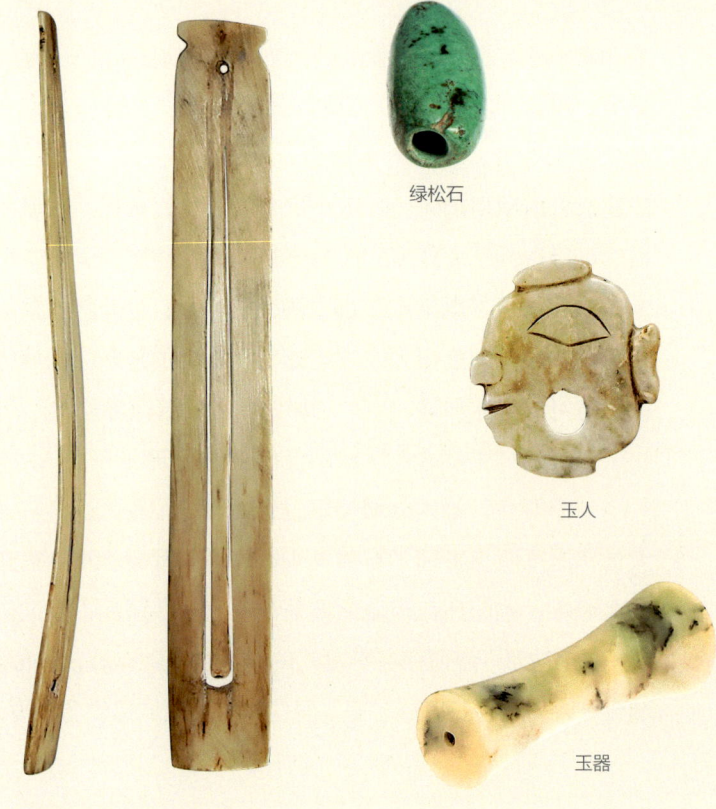

绿松石

玉人

玉器

口弦琴

　　石峁还发现了玉刀、玉铲等精美玉器，尤其作为早期国家权力象征的牙璋，风格独特。据不完全统计，石峁流散在世界各地的玉器至少3000件。

　　在"皇城台"，考古人员还发现了数十枚海贝以及象牙制品、水晶制品等遗物。这些器物在当时应该属于贸易而来的"奢侈品"，并非一般族群或部落能够使用。

　　随着考古工作推进，"皇城台"的发掘越来越充满惊喜。

　　世界上最早的口弦琴出现了。

　　邵晶介绍，在石峁发现口弦琴以前，蒙古汉代匈奴贵族墓出土的口弦琴被认为是世界最早的。石峁发现口弦琴，一举将这一历史提前了2000多年。

口弦琴，在中国先秦文献记载中称为簧。《诗经·小雅·鹿鸣》写道，"我有嘉宾，鼓瑟吹笙。吹笙鼓簧，承筐是将"。这里的簧就是口弦琴。在考古发掘中，它出现的地方往往是等级较高的遗址，比如可能为"尧"都城的山西陶寺遗址。在石峁，簧出现在核心区"皇城台"。不仅有完整器，还有制作簧的料坯与工作。这里发现的骨笛、骨哨等其他乐器，给了考古人员无限的遐想空间，"这些乐器当属当时组合式演奏的重要组成部分，说明礼乐制度在当时或已开始形成。"

在此后的调查中，考古人员还在石峁遗址所在的秃尾河流域发现了十多处石城聚落以及无设防的小型聚落。它们如众星拱月般环绕在石峁周围，拱卫着石峁，彰显着石峁城址的无限尊崇。

陶鹰

海贝

玉器

玉璇玑铜齿环

玉器

是黄帝部族都邑？
它见证中华文明灿烂辉煌和多元一体

> 石峁的最大价值并不在于是谁的都邑，而是石峁这个考古学文化和 4000 年前中原地区的考古学文化截然不同，这在很大程度上改变了人们对中国早期文明格局和中华文明起源的传统认识，也对认识中华文明的多元提供了宝贵的材料。
>
> ——邵晶

4300 年前，是谁在黄土高原上发展起一个强大的国家？

石峁又是否如某些学者所言，可能是黄帝部族的都邑？

"这些问题现在还没有准确答案。"邵晶直言。他认为石峁的最大价值并不在于是谁的都邑，而是石峁这个考古学文化和 4000 年前中原地区的考古学文化截然不同，这在很大程度上改变了人们对中国早期文明格局和中华文明起源的传统认识，也对认识中华文明的多元提供了宝贵的材料。"石峁和三星堆一样，都处于我们传统认为的中华文明核心区中原地区的边缘，但这丝毫不影响它成长为一个强大的早期国家。中华文明正是多元带来的交流碰撞，为此后的一体输入了源源不断的活力，最终才能大步向前。"

在考古人数十年如一日的辛勤探索下，未见于史料记载的石峁遗址，面貌渐渐清晰。

根据 DNA 鉴定，石峁文化是久居于此的土著人创造的文化，同时吸收了其他文化的部分因素。大概在仰韶文化中晚期，石峁就出现了大大小小的聚落，随着时间推移，最终形成了早期国家的形态——

作为一座都城，石峁具有鲜明的等级特点。"皇城台"住着高等级人群或者王，周边是贵族或精英阶层。这些房子在大小上体现着等级划分。"皇城台"上的房子用石头砌筑或夯土做成，单体面积接近100平方米，房屋内部还用石头铺地；附近的房子便只有二三十平方米。而石峁城内外大面积分布的是土窑洞，一座不超过10平方米，估计就是平民的居所。

根据动植物浮选，石峁先民主要吃猪肉、羊肉和小米，食物结构和现在的陕北人颇为相似。考古人员还发现了驯化家养的牛马和驴，这是石峁的畜力。在当年修筑体量巨大的城墙和房屋，靠人显然效率低下，而牲口便是运送石料的重要劳力。

在"皇城台"弃置的垃圾中，考古人员还发现了大量的纺织品残片。经过鉴定，大致有麻布、毛布和丝绸等种类。"皇城台"内部还发现了上万枚骨针等遗物。其数量远超石峁古城所需，可能是石峁对外"出口"的重要物品。在外城东门址及附近，发现了300多幅壁画，构图精美、色彩斑斓，在制作工艺和绘制技法上已和后代壁画相似……

邵晶饶有兴致地勾勒石峁人的日常："高等级的人群住着豪宅，日常有宴乐，不同季节可以有丝绸等不同的衣服；普通百姓种地、养牲口以及从事各种手工业。总而言之，这座早期国家的都城，无论在建筑、音乐还是农业、美术方面，都表现出了极高的文明程度。"

也正是因为如此，中国先秦史学会副会长、河北师范大学历史文化学院教授沈长云抛出了一个备受关注的观点：石峁古城是黄帝部族居邑。在沈长云看来，文献多记载黄帝部落起源于陕西渭水流域。此外，黄帝后裔白狄族人居住在这一带，是更直接的证据。一时，学术界争议四起，石峁再受关注。

对真正从事一线考古的邵晶而言，他并不迫切想要得到答案。"假设可以有，遗憾的是我们现在还没有办法去证明它。这其实也是考古的魅力，它将促使我们不断探索未知，去无限接近历史。"

作者　吴晓铃　吴梦琳　边钰

石峁和三星堆
对神的共同认知、共同的精神信仰

　　在石峁遗址，我们除了震撼于这座城址的恢宏气势，更惊讶于石峁城墙上的雕刻、出土的玉璋等文物，在三星堆能找到很多相似的"同款"。共同的礼仪、共同的对神的认知、相似的精神信仰，再次证明中华文明既多元又一体的内涵与特质。

　　石峁古城中，有一个重要的习俗——藏玉于墙。当年的石峁人在修建城墙的时候，把扁平的玉戈、玉刀等可以辟邪的玉器插到墙体中。有意思的是，在三星堆青关山一号建筑基址的红烧土墙体和夯土基础中，也发现了把象牙和玉石器埋在墙体中的行为。对此，邵晶认为，虽然两个地方在墙体中放的玉器种类略有差异，但表达的应该是同一种美好的寓意——祈求城墙或建筑永固。事实上，在藏玉于墙之外，石峁还在城墙底下发现有祭祀用的人头、墙体上刻有人面，邵晶认为，"这'三

石峁遗址精美石雕

石峁遗址精美石雕

位一体'的行为,均是石峁人辟邪祈福之用。"

不仅如此,石峁遗址城墙上雕刻的神面,和三星堆出土的青铜兽面,也有着相似的"大眼咧嘴"的表达。三星堆出土的玉璋和石峁的玉璋也非常相像;三星堆祭祀坑中发现了大量眼形器,石峁城墙上同样发现有菱形符号,二者异曲同工……

石峁和三星堆远隔千里,为何会有种种相似的文化表达?

三星堆遗址考古工作站站长雷雨研究员认为,石峁遗址的年代下限是公元前1800年,这个年代大概对应三星堆文化的上限,存在一定时间上的重合,因此文化之间产生交流非常正常,只不过目前还没有找到传播线路而已。

在邵晶看来,这种相似之处同样具有深刻意义。"尽管三星堆、良渚、石家河、石峁都是独具特色的区域文明,但它们并非没有任何关系。相反,这些神人面或者兽面的相似,说明它们对神的认知一致,都认可这种头戴羽冠、阔嘴呲牙的形象才具有神的能力。石峁城墙上的菱形器,可能代表的也是眼睛。三星堆发现了大量的眼形器,说明两地也有共同的精神信仰。中华文明既多元又一体,这就是鲜活的例证。"

石峁为何跻身世界十大考古发现？

"世界十大考古发现""中国六大考古发现""世界年度十大重要田野考古发现"……石峁遗址自开启发掘以来，无数次获得学界殊荣。这些奖项实至名归，因为石峁遗址的发现不断填补着历史空白，刷新着人们对中国历史的认知。在以超400万平方米的巨大规模、宏伟的都城建筑证明它是一座北方古国都城以外，它还有这些重要发现——

外城东门址是中国史前城建史上规划最为复杂、设施最为齐备的实例，被誉为"华夏第一门"，筑起石峁古城的实体和精神屏障。

双瓮城和马面，是目前中国发现的时代最早的瓮城和马面实例，也是国内确认的最早同类城防设施。

墙体内插圆木结构，类似于今日在混凝土结构中加入钢筋，堪称古代建筑技术的创举，将"纴木"使用提前了2000年。

丰富的壁画，无论在制作工艺还是绘制技法上都和汉代以后的壁画较为相似，这说明中国早期壁画的制作工艺及绘制技法早在4000多年前的史前时期就已经确立。

口弦琴，是目前世界范围内发现的年代最早的乐器，堪称音乐活化石。它和同时出土的其他乐器以及可能用来制作鼍鼓的鳄鱼骨板等遗物一起，说明石峁已经形成了最初的礼乐制度。

鸵鸟蛋壳、水晶、海贝等稀有遗物，可能是来自远方的奢侈品，从侧面印证当时的统治阶层政权非常稳固强大，人们和其他区域进行着广泛的物质交换。

（本文所有的图由石峁遗址管理处提供）

宝山遗址

BAO SHAN YIZHI

2013年,宝山遗址被国务院核定为第七批全国重点文物保护单位。

遗址名片

地理位置:陕西省汉中市城固县宝山村
所处时代:距今6000—3000年
遗址面积:现存5万平方米

宝山遗址，
连接中原与巴蜀的"中转站"？

　　位于陕西南部的汉中平原，地处秦岭和大巴山之间，是连接秦蜀的重要通道。

　　三星堆遗址祭祀区新一轮考古发掘再次出土大批的青铜器，引发关注。而与四川北部相接的汉中平原上，位于湑水河两岸的城固和洋县境内，自20世纪50年代以来，出土了700余件青铜器。

　　经过西北大学教授赵丛苍坚持不懈的寻找，"城洋青铜器群"被证明是由宝山先民所创造的，数量可观、造型丰富，既呈现中原商文化的典型特征，又与古蜀文明存在

赵丛苍

西北大学教授

诸多相似和联系，更有着独树一帜的创造，从而引发了关于宝山文化圈与中原文化圈、古蜀文化圈之间的关系的许多探讨，有学者认为，这里就是巴文化的一支，也有学者认为，这里是中原文明联通古蜀文明的一个"中转站"。

湑水河畔惊现大量青铜器

几十年来，在这一区域，陆陆续续发现了超过 700 件青铜器，种类十分丰富。

汉中平原与川北相接，不论是自然气候、地形地貌、饮食习俗甚至当地方言，两地都十分接近。

湑水河是长江流域汉水水系的一条支流。北魏时期，地理学家郦道元在《水经注》中这样记载，"湑水又东径七女冢。冢夹水罗布，如七星，高十余丈，周回数亩。元嘉六年，大水破坟，坟崩，出铜不可称计"。

城固和洋县，大致以湑水河为界，正如《水经注》的记载，从20世纪50年代开始，两县农民在种田挖地时，沿着湑水河畔，挖到不少青铜器，引发学界的关注。

这些青铜器，大多是以集群式埋葬，分布在沿着湑水河两岸和汉江两岸的狭长区域内，只有少数是单件出土于河床中，专家猜测，这或许是河水冲刷冲入河床中的。几十年来，在这一区域，陆陆续续发现了超过700件青铜器，种类十分丰富，包括容器、酒器、兵器、工具等，还有一批难以定论用途的异形器，例如青铜泡。

城固是张骞故里，新建成的城固县博物馆，坐落于张骞墓景区中。作者在展厅看到陈列在这里的"青铜宝库"，鼎、罍、壶、盘、觚、爵、斝、矛、戈、刀、面具等皆有，不乏十分精美之器。

兽面纹铜方罍

在这个"青铜宝库"中,能看到典型的中原商王朝风格。例如,一件兽面纹铜方罍,堪称城固博物馆镇馆之宝,这件青铜器高51.2厘米,面宽15.3厘米,底面宽12.8厘米,侧宽11.8厘米,重21.25千克,1976年发现于城固苏村。兽面纹铜方罍纹饰十分精美,方唇,直颈,圆肩,弧腹,凹底,肩两侧施牛形首一对,背面腹下部有一羊首盖,颈四面各施一道扉棱,盖和握手皆饰倒置卷角饕餮纹,握手纹饰以细阴线纹表现,颈部以扉棱为界，饰一对相对的夔纹，组成饕餮面，肩部两面各饰一高浮雕，卷角为两部分，上部为涡纹间饰夔纹，两面各有五个涡纹，整体来看，形制与殷墟妇好墓出土的方罍形制几乎一样，是典型的中原之器。

然而，青铜泡、镰形器、青铜面具等完全不同于商王朝风格的器型，也不在少数。例如1976年10月，在城固县苏村小冢发现了23件青铜面具。这组青铜面具脸形有椭圆和圆形两种，目框深凹，眼球外凸，中有圆扎。面具脸壳外凸内凹，五官位置与人的面部相近。器形为两耳直立，悬鼻突起，透雕獠牙，造型独具一格。

如此数量丰富、制作精美的青铜器从哪里来，一度困扰着学界专家们。尤其是大量青铜器都是由农民发现的，考古资料几乎没有，这对于城洋青铜器群的研究来说，更是难上加难。

彼时，有学者认为，这些青铜器中，与成都平原竹瓦街窖藏出土青铜器风格类似，猜测城洋青铜器群来自蜀文化，甚至汉中平原可能是当时蜀文化活动的中心。然而，随着20世纪80年代三星堆"祭祀坑"的发现，这样一种说法被打破，蜀文化的中心一直就在四川。

城洋青铜器群中的青铜面具

寻找到城洋青铜器群的族群归属遗址，成为破解这一谜题的关键，包括北京大学、中国社会科学院以及陕西省文物部门等都曾派出专业考古人员，希望能找到遗址，但都无功而返。

在宝山之上，发现"宝山文化"

经过考古发掘，赵丛苍得出了结论——宝山遗址是一处从仰韶时期到殷商时期的遗存，其中以商时期遗存最为丰富，而城洋青铜器群正是宝山遗址商代族群所创造和留下的，并提出将其作为一支独立的考古学文化命名为"宝山文化"。

如今已满头银发的赵丛苍，1990年正在西北大学就读研究生的最后一年。当时，他选择了城固洋县青铜器作为自己毕业论文研究方向，带着这个题目，也来到了城固。

"说实话，当时压力很大的，那么多大咖都去找过，没找到，我能找到吗？"赵丛苍走路步伐很快，声音洪亮，这是多年的田野考古练就的好身体，他带领作者走到城固县湑水河边的水稻田里，一边走，一边回忆往昔。

1990年3月19日，赵丛苍对这个时间印象深刻。当时，赵丛苍和自己的两位助手以及当地文管所的工作人员，已经连续挖了10多天，跑了10多个乡镇，在此前发现青铜器的地点逐个勘察，一无所获。

"很累，更焦急，当天我们又挖了一上午，中午时躺在湑水河旁湑水村一处稻田里休息，突然看到河对岸有一个山包包，在一片平原之上，引人注意。"赵丛苍回忆，当时，自己问同行的城固文管会王主任，山包包叫什么名字，对方回答："宝山。"

"宝山？"赵丛苍眼前一亮，尽管对方告诉他宝山上什么都没有，他还是执意要去看看。附近没有桥，3月的河水还很凉，

宝山遗址出土的陶器

赵丛苍带头挽起裤腿,一行人互相搀扶着,蹚过了河,直奔宝山。

刚好,有村民因为要修房子,正在宝山山脚挖土做地基。赵丛苍睁大眼睛,眼球随着村民抡动的镢头转动。忽然,泥土带下一块他朝思暮想的东西——陶片。他喜出望外、兴奋不已!

"我抓起陶片问村民,山上有这样的东西么?村民说,山顶上,好像有这样的陶瓦瓦。"回忆起当时的经过,赵丛苍依然十分激动。

赵丛苍一行人奔上宝山山顶。"山上是没有人的,陕南这个地方植被很好,杂草把路罩得严严的,我们拨出一条路来,上来之后就发现有梯田样的台子。"赵丛苍告诉作者,或许是考古人的敏锐性,一眼就看到了灰层,自己就用手铲掏开,一看,有陶片,虽然认得不是很准,但感觉自己要找的东西好像已经找到了。"因为这些陶片看起来不像秦汉时期那么晚,也不像史前时期那么早,应该就是夏、商、周时期的,我就一下子来了劲了,非常兴奋。"

随后一行人迅速在山上开始布探方,成堆成堆的陶片被发现,宝山果然有宝!

在接下来的一段时间，每天天一亮，赵丛苍一行就直奔宝山，到了晚上，每个人都背着满满的几大包陶片下山，到住宿的招待所清洗、整理、记录。县里的文管所、当地的村干部，全力配合他们的发掘，当地本来吃米，但赵丛苍习惯于吃面，文化站一位干部为此经常给他包饺子。

城洋青铜器群考古取得突破性进展的消息，很快传开，知名的考古专家李伯谦等都专门来看这批陶片。

1990年7月，赵丛苍顺利毕业留校任教，他建议学校，将宝山作为本科生的一个实习基地。

经过考古发掘，赵丛苍得出了结论——宝山遗址是一处从仰韶时期到殷商时期的遗存，其中以商时期遗存最为丰富，而城洋青铜器群正是宝山遗址商代族群所创造和留下的，并提出将其作为一支独立的考古学文化命名为"宝山文化"。

兽面纹三足铜壶

据介绍，特别的是，在宝山遗存中，除了发现房屋遗迹、陶器坑、小型墓葬之外，还发现了数量丰富的"烧烤坑"，多达数百个。

"烧烤坑是宝山人独特的一种生活方式，他们将狩猎打渔获得的食物放入坑中烤，然后食用，后又将吃剩下的废弃物丢入坑中掩埋起来。"在赵丛苍看来，这一定程度上体现着宝山人已经熟于用火，同时还具备了"环保意识"。

创造青铜器的宝山人是谁?

> 在各个不同的历史时期,在整个的中华文明主线的基础上,存在于四面八方的多元文化,共同构成了丰富的中华文明。
>
> ——赵丛苍

尽管已经明确了城洋青铜器群由宝山人创造,那宝山人又是谁?这又成为一个新的问题。在学界,也就此展开了丰富的讨论和研究。

城固县出土的兽面纹铜尊

兽面纹铜尊

"这里出土的方罍，与殷墟妇好墓中同款，妇好是国母，身份仅次于商王，说明城洋青铜器的主人身份地位应该非常高，这里当时可能是一个方国。"赵丛苍说，然而从性质上来说，这个方国，应该是巴文化的一支，是从长江中游来到这里定居的，因为在这些青铜器中，有明显的受湖北路家河文化影响的痕迹。

赵丛苍解释，当时，巴人也有很多分支，互相之间可能在争夺统治权，失败的一支沿着长江逆流而上，来到了汉中，在这里定居繁衍。

这里所出土的丰富青铜器，从工艺上来看，有一部分是从长江中游或者中原地区"进口"过来，有一部分则是本地自己铸造的。"从目前的材料看起来，与妇好墓中同款的方罍，应

兽面纹铜圆罍

该就是交换或者其他方式'进口'而来，当地的青铜铸造技术，应该做不出那样的纹饰。"赵丛苍说。

当然，学界也依然存在着另外的看法，也有学者认为，这里既不属中原，也不属于巴蜀，而是另一个独立的古国，但汉中与巴蜀以及与中原之间的密切文化因素的影响，是肯定存在的。

而另外一个问题是，宝山人为何将数量丰富的青铜器埋于此地？据介绍，城洋青铜器群的持续年代则从商代中期持续至商代晚期，这是古代青铜器发展的一个高峰。一般来讲，青铜器的埋藏主要有墓葬、祭祀、窖藏等几种方式。例如河南安阳殷墟遗址，是墓葬，青铜器作为贵族的陪葬品被掩埋；陕西周原遗址则是典型的窖藏，当外敌攻入，周人出逃前将这些青铜器全部埋于地下；三星堆遗址，则被认为跟祭祀相关。

而城洋青铜器群，被分布埋于此地几十公里境内，且前后时间持续了两三百年，是为什么？这个问题，也引发了广泛的讨论。

首先墓葬的方式已基本被排除，至于窖藏和祭祀，两种说法皆有，至今没有定论。

在赵丛苍看来，城洋青铜器群一定程度上不能排除祭祀的可能，因为这些青铜器，大部分埋藏在人工堆筑的台子上，也就是当地称为冢的地方，或许代表着对于山川、天地的祭祀。

当然，由于考古材料还很有限，这些都只是赵丛苍的一种推测，还需要更多的材料来证明。也有许多的问题，依然等待未来的考古发掘来解答。"现在有个最大的问题是宝山文化没有发现大型的墓葬，按理来说这么一个大体量的文化，应该会有大型的墓葬发现，我们曾经为此做过非常多的努力，但是到现在还没有发现。如果未来有新的资料确实能颠覆我的认识的话，我愿意改变观点，我们要秉持唯物的学术态度。"赵丛苍说。

多年来在城固和洋县搞考古发掘，赵丛苍还有了一个别名——"赵城洋"，当地不少文物部门的工作人员，都是赵丛苍的学生。在赵丛苍看来，宝山遗址的发现，再度证明着中华文明的多元。"在各个不同的历史时期，在整个的中华文明主线的基础上，存在于四面八方的多元文化，共同构成了丰富的中华文明。"

作者　吴梦琳

宝山遗址藏着哪些文化密码?

1950年以来,城固境内共发现了700多件商代青铜器。考古学家研究发现,这些青铜器与宝山遗址商代遗存关系紧密,属于同一族群的"杰作"。如今,在城固县博物馆,观众可以近距离欣赏到这批青铜器的风貌。这批出土于湑水河、汉江两岸广袤土地的青铜器造型独特、纹饰精美,地域特征显著。

著名历史学家李学勤先生指出:"青铜器是商代最重要的文化因素之一,城洋一带是商代青铜器一个特别值得注意的出土地区。"城固青铜器的发现填补了汉水流域商文化研究的空白,以数量大、精品多、艺术与科学价值高,引起国内外考古界的广泛关注。

馆里有哪些珍贵的青铜器文物,背后又藏着什么样的文化密码?

作为馆里的镇馆之宝之一,1976年于城固县宝山苏村出土的商兽面纹铜方罍,大气精美。

西北大学教授、博士生导师赵丛苍曾参与城固宝山遗址的发掘与研究,他介绍了这件青铜器。

除了这件文物,1980年城固县龙头镇龙头村出土的商青铜兽面圆尊也颇为精美。其通高23.8厘米,口径18厘米,腹径22.7厘米,腹深20.1厘米,圈足径13.5厘米,重3.211千克。侈口束颈,鼓腹,圈足,颈部饰二道凸弦纹,肩膀饰一周夔纹,等距离施三个高浮雕的牛马首,腹部为三组饕餮纹,肩腹上下界饰一周珠纹,足饰一周夔纹,足上部有三个椭圆形镂空,制作较精。

三星堆出土的面具，引起不少人的关注。在这里，也有一批青铜面具。赵丛苍说，1976年10月，在城固县苏村小冢发现了23件青铜面具。这组青铜面具脸形有椭圆和圆形两种，目框深凹，眼球外凸，中有圆扎。面具脸壳外凸内凹，五官位置与人的面部相近。器形为两耳直立，悬鼻突起，透雕獠牙，"你能清楚看见，这里出土的面具，和三星堆出土的面具造型还是有所不同"。

作者　边钰　吴晓铃　吴梦琳
摄影　韦唯　吴枫

宝山人曾来过成都金沙？

从地理空间上看，汉中平原是巴蜀与中原地区的一个连接通道。宝山文化中发现了与中原文化相同的尊、罍、鼎，同时也发现了与巴蜀文化相似的眼形器以及反映出同样的太阳崇拜，这些与两个文化圈的诸多相似性，让不少学者，将这里视为连接中原文化与古蜀文化之间的一个"文化中转站"。

在赵丛苍看来，宝山文化与巴蜀文化之间存在密切交流是肯定的，然而仔细研究会发现，宝山与以金沙所代表的十二桥文化之间的联系，似乎比宝山与三星堆之间的联系更为紧密。

赵丛苍说，从时间序列来看，宝山文化与三星堆文化有着时间上的重合，都是在金沙之前，存在着时间上的延续。"当古蜀文明中心从三星堆转移到金沙后，或许也受到了外来文化的介入和影响，有长江中游的文化的影响，也有来自宝山的影响，甚至包括暴力性质的介入。"

在赵丛苍看来，这样的说法，也源自在宝山发现了大量的兵器，矛、戈、刀等，尽管很多是礼器性质，但也彰显出当时这里具备了一定的军事实力。

作者　吴梦琳

寻根五千年中华文明

· 三星堆对话古遗址

⬤ 仰韶遗址

⬤ 陶寺遗址

xungen wuqiannian
zhonghua wenming

中原行

殷墟遗址

二里头遗址

陶寺遗址

TAO SI YIZHI

2021年10月,入选"百年百大考古发现"。

遗址名片

首次发掘时间：1978年
地理位置：山西省临汾市襄汾县
所处时代：距今4300-3900年
遗址面积：约280万平方米

走进"最初的中国",最有可能的"尧都"

中国上古时代中的尧、舜、禹,有望从传说走向信史。

山西襄汾陶寺遗址,已有越来越多的考古材料证明它可能就是帝尧都城所在。

1958年,山西考古人在襄汾陶寺村进行调查时,依据大量散落于地面的灰陶片发现了这里可能存在一种新石器时代文化类型。20年的多次复查求证,陶寺终于在1978年开启发掘,

陶寺遗址鸟瞰图

以发现龙山文化时期最大的墓地一举轰动考古界。迄今为止，陶寺遗址已发现280万平方米的超大型城址，世界最古老的观象台、气势恢宏的大型宫殿、布规划有序的城市布局，发现朱书陶文、龙纹陶盘，发现阙楼式门址……这里，展露出了一个早期国家都城的盛大气象。

"中华文明探源工程"首席专家王巍认为，"没有哪一个遗址能像陶寺遗址这样，全面拥有文明起源形成的要素和标志"。陶寺，已是实证5000多年中华文明历程的重要支点和基石。

发现史前第三大城址

> 这样一个超大型城址,在目前发现的中国新石器时代晚期城址中,仅小于石峁和良渚遗址。
>
> ——高江涛

2021年10月中旬,四川日报全媒体"寻根五千年中华文明,三星堆对话古遗址"大型融媒体报道组踏上了探访陶寺遗址之路。

从襄汾县城打车前往,穿过连绵的玉米地和村庄,车行不到半小时后,我们到达了一片缓坡状黄土塬,考古人员临时复原的世界最早观象台赫然出现在眼前,这里便是陶寺遗址。极目远眺,可见陶寺西临汾河、背靠崇山。临汾平原土壤肥沃,的确是一处适合人类生存繁衍之地。

陶寺遗址发掘现场

陶寺考古队领队、中国社会科学院考古研究所研究员高江涛已在此工作17年，对陶寺遗址发掘数十年来的每一个重大时刻都了然于胸。在他的回忆下，一个宏伟的史前城址穿越时空，缓缓向我们走来。

陶寺的第一次重大发掘是1978年。这次发掘持续到1985年，考古人员在这里揭露出了1309座墓葬。他们发现这些墓葬已出现大中小的阶层分化，其中贵族墓葬中，出土了陶龙盘、陶鼓、鼍鼓、大石磬、玉器、彩绘木器等精美文物，震惊海内外。陶寺文化，由此正式确立。

1999年，考古人开始从更宏观的角度研究聚落形态。他们首先发现了这里有一处城址。城址呈圆角长方形，东西长1800余米，南北宽1500多米，面积达到了280万平方米左右。"这样一个超大型城址，在目前发现的中国新石器时代晚期城址中，仅小于石峁和良渚遗址。"高江涛说，正是陶寺遗址呈现的巨大规模，让遗址的考古与研究工作开始纳入"中华文明探源工程"，从此，考古人开始持续对遗址进行有课题意识的发掘，期待以更多发现判断它的布局与性质，探索它是否已经进入早期国家社会，是否为一座都城。

20多年来，考古人员揭露出了陶寺遗址整体布局上的规划有序。

这是一处双城制的城址。最外侧的城墙围起了一座280万平方米的大城。城的东北部，继续用城垣围出一处12.96万平方米的宫城。最近4年，高江涛在这片区域又发掘了一座体量巨大的夯土基址。6500平方米的夯土台上，修筑了三排柱网结构的大型建筑，其中最大的宫殿面积达到了540平方米。这座土台上不仅有主殿，还有附属建筑，"说明这里应该是一处大型宫殿基址"。

陶寺遗址发掘现场

陶寺城址，大体呈 45 度走向。陶寺的主人在东北角营建宫殿，还在离宫城很近的地方修建"仓储区"，相当于当时的"国库"。这片区域的灰坑窖藏，宽度深度皆达数米，可以通过螺旋形坡道直达底部。这种环形坡道设计，和隋唐时期洛阳含嘉仓地下粮窖非常相似。

仓储区东南近处，是陶寺文化早期墓地。陶寺中期墓地和古观象台一起另外组成一处独立的区域。城的西北是普通居民区，西南是手工业区作坊区，考古人员 2010 年在此勘探发现，这里至少分布着陶器、骨器和石器制造等手工业，并且可能已有管理手工业生产的机构。

280 万平方米的城址，整体呈现一种规划有序的状态。高江涛特别佩服陶寺先民在城市规划上所体现的智慧，"东北营建宫殿，西南规划手工业区，也就是统治阶层的居住区域一定要远离打制石器、烧窑生产的高污染区域，这体现出了一种质朴的环保理念"。

一座都城的气象

种种迹象表明，华夏文明最重要的两个特点——王权和礼制已在 4300 多年前的陶寺出现，说明陶寺文化时期已进入早期国家阶段，而陶寺这座既有城墙、宫殿，又有礼乐、王墓，甚至"国家粮仓"的城址，应该就是一座都城。

规模的宏大、科学的布局，以及宫城、墓地、手工业区等的发现，陶寺渐渐呈现了作为国家都城的全部要素。更让人欣喜的是，这里的很多发现，都可能对后世存在影响。

"陶寺宫城的发现，使陶寺遗址'城郭之制'完备，构建了卫君与卫民相结合的都城规划政治理念，所以陶寺很可能是中国古代都城制度重要内涵的源头或最初形态。"高江涛表示。

在 1999 年发现陶寺外城以后，学术界对陶寺提出了另一个疑问：陶寺有没有宫城？这是因为春秋以来的都城，"筑城以卫君，造郭以守民""内之为城，外之为郭"，大多存在内外双城的结构。

2012 年底，高江涛和同事在宫殿区钻探。此时，他们对宫殿区是否有城墙还一无所知。不过，就在高江涛和同事偶然下到一处沟壑的断崖抬头之际，发现断崖断面似乎有夯土痕迹。他们顺着断崖一口气追出了 100 多米远，发现断面竟然全是夯土，"高度疑似内城城墙"。在"中华文明探源工程"和"中国社会科学院创新工程"项目支持下，考古人员经过一年钻探，城圈合围，城墙东西长约 470 米，南北宽约 270 米，面积达到了近 13 万平方米。这片区域，也成为中国目前发现的最早的宫城。

龙盘。该龙盘是陶寺王墓出土的四件龙盘中最大的一件

鼍鼓。
陶寺遗址代表性乐器，木质，鼓身呈竖立桶形，外壁绘彩色几何形图案，鼓腔散见鳄鱼骨板，应原为鳄鱼皮蒙鼓，即古文献中所言的"鼍鼓"。陶寺鼍鼓因年代最早，被称为"天下第一鼓"

陶寺遗址出土的精美陶器

　　2015年，考古人员在清理宫城南墙时，又惊喜地发现了一种阙楼式门址。从平面图上来看，两处"阙楼"从宫城南东门的南城墙上延伸出来，呈现"L"形状。这种结构复杂、形制特殊的门址，是目前中国发现的最早阙楼式门址。更有意思的是，这竟然是2500年后隋唐时期洛阳应天门阙楼的基本形态，就连现在的北京紫禁城午门，也沿袭了这种4000年前的阙楼模式，说明它不仅具有较强的防御色彩，应该还兼具了礼仪作用。

"当我们把城墙、宫殿、高等级大墓、大型仓储区等一一罗列,就会发现这些就是一座早期都城具备的要素。"高江涛说。

事实上,更早以前的出土文物,已开始显露出陶寺的"王者之气"。

1980年,陶寺1000多座墓葬正在紧张发掘。在其中一座贵族大墓中,一个圆盘形的陶器渐渐露了出来。等考古人员清掉泥土,发现盘子中央居然栩栩如生绘制着一条盘龙,其形象已和后世之龙非常接近!此后,这样的龙盘在陶寺总计出土了4件。龙在中国文化中代表着帝王的福瑞,这些4000多年前的龙盘,学者们认为应该属于当时的王者,是身份地位的象征。

大量的乐器和礼器,也出现在陶寺的高等级墓葬中。在临汾博物馆,可以看到土鼓、铜铃等乐器。经统计,陶寺出土的乐器共有29件,包括了鼍鼓、特磬、口弦琴等多种。考古人员发现,鼍鼓这种用鳄鱼皮蒙的鼓,只出现在王级大墓里,和磬、土鼓呈固定组合放置于墓主左下侧,应是高等级人群才能享有的陪葬品。此外,陶寺还出土了玉钺、玉琮、玉璧等体现王者身份的玉礼器。这些乐礼器的发现,说明陶寺时期礼乐文明已初步形成。尤其值得一提的是,鼍鼓和特磬传承到了商周,是身份高贵的王者之器。

种种迹象表明,华夏文明最重要的两个特点王权和礼制已开始在4300多年前的陶寺出现,说明陶寺文化时期已进入了早期国家阶段,而陶寺这座既有城墙、宫殿,又有礼乐和王墓甚至"国家粮仓"的城址,应该就是一座都城。

这里可能是帝尧之都

如果说仰韶文化庙底沟时期是孕育中的"中国",二里头时期是成长起来的"中国",那么陶寺,便是刚刚诞生时期最初中国的模样。

——高江涛

陶寺遗址出土的精美陶器

对高江涛等几代考古人而言,陶寺考古发掘最大的价值,应该还是证明这里可能是帝尧之都。"尧舜禹时代随着考古发掘的不断推进,很有可能逐渐走出传说!"高江涛表示。

对考古人来说,通常并不会轻易将传说或者文献与考古材料对应。但是陶寺考古发掘的几十年来,他们发现文献记载、考古材料甚至民俗传承等,已经形成了一条证据链,指向陶寺极可能就是尧的都城。

传说中,尧曾封于唐地,史称"唐尧"。唐在哪里?部分史书指向了今日陶寺一带。《尚书疏证》:"尧为天子实先都晋阳,后迁平阳府。"《汉书·地理志》载:"晋阳本唐国,尧始都于此。"《宗国都城记》云:"唐国,帝尧之裔子所封,汉曰太原郡,在古冀州太行恒山之西,其南有晋水。"有意思的是,陶寺一带历史上一直被称为唐地,而位于陶寺以北的太原,素有"北唐"之称,似乎就是为了和帝尧首都唐地区分。

在《尚书·尧典》中,还曾记载尧帝"历象日月星辰,敬授人时"。说明在尧帝时期,已有相对成熟的天文历法用来指导农耕。在陶寺的考古发掘中,一个重大发现出现了。

2003年,考古人员在陶寺中期小城内,发现了一处平面呈半圆形的大型夯土建筑。这处建筑有13根夯土柱子基础,排列独特,墙不像墙,路不是路。这个独特现象引起了时任考古队领队何努的注意。彼时,他有一个大胆设想:史料记载尧都便在这一带,史料还记载尧帝如何观象授时,这块奇怪的建筑,是否就是当时的观象台?

沿着这个思路,中国社会科学院考古所山西队进行了两年的实地模拟观测。他们拿着相机、摄像机反复拍摄找规律,终于选定了3个观测点。有一天,一位考古人员站在观测点上,突然看到一道光从柱子狭缝照进来,大家幡然醒悟,原来陶寺先民是通过观察柱子狭缝中附近塔儿山的日出方位,来确定季节和节气的。

经过反复摸索实验以及天文学家的助阵,陶寺观象台已确认能够观测到20个节气。12道观测缝,只有1号缝没有观测日出的功能,从第2个狭缝看到日出为冬至日,第12个狭缝看到日出为夏至日。春分和秋分则同时可以从第7个狭缝看到日出……2005年10月23日,"陶寺遗址大型特殊建筑功能及科学意义论证会"上,一批天文学家到陶寺观象台实地考察后,一致认同陶寺观象台的观象功能。"如果英国巨石阵确认有观测天象功能,那么陶寺观象台比它早了约500年!"高江涛表示。

当观象台被确认之前,陶寺遗址在一件陶扁壶上发现的朱书陶文也引起了考古人员的关注。这件扁壶的复制品如今在临汾博物馆展出,壶体残破。朱书的"文字",写于陶壶两面。1984年,这

陶寺遗址出土的"朱书陶文"扁壶

件陶壶出土于陶寺遗址的一处灰坑。古文字研究专家已基本认同其中一个字为"文",而另一个字,则有学者认为可能是"尧"字,其意思是在黄土高原上用夯土板块建筑的大城。

在高江涛看来,陶寺遗址发现的鼍鼓和石磬,同样也是尧都的证据,"因为文献记载尧帝时期就已出现了乐器",这些证据链,让尧都陶寺成为极大可能。

当然,在没有确切文字记载这里就是尧都之前,一切只是合理推测。然而陶寺遗址的发现,无疑是中华文明演进之路上

观象台

的又一个鲜活样本。它的城郭制度、城址规划、宫城形制甚至礼乐制度,都对后世产生了不同程度的影响。在中华文明起源和早期发展阶段,不同区域都有辉煌的文化,最终从没有中心的多元,渐渐走向一体。高江涛表示,"如果说仰韶文化庙底沟时期是孕育中的'中国',二里头时期是成长起来的'中国',那么陶寺,便是刚刚诞生时期最初中国的模样"。

作者 吴晓铃 吴梦琳

三星堆的铸铜技术可以追溯到陶寺？

陶寺遗址，距今4300—3900年，出土大量青铜器的三星堆祭祀坑的年代却已到商代晚期。不同的时空，文化的基因却依然一脉相承。

"三星堆的青铜铸造技术，可以追溯到陶寺遗址。"2021年10月中旬，当我们对陶寺遗址考古队领队高江涛进行专访时，他主动提起三星堆，并且将两处年代跨越几百年的遗址联系在了一起。

原来，在陶寺多年来的考古工作中，发掘成果异常丰硕。在观象台、龙盘、朱书陶文等之外，还发现了7件铜器。

大多数学者认为，古代中国的青铜铸造技术可能来自中亚或西亚，只不过在当地主要用锻打方式制作铜刀等工具。直到这种技术传入中国，古代先民创造性地使用范铸法来铸造青铜容器和礼器，成为中国青铜文明最大的发明。而范铸青铜容器的技术，可以追溯到陶寺遗址。

1983年，陶寺遗址一处墓葬中，首次发现了铜器——一件铜铃。它虽然只有五六厘米长，三厘米左右宽，做工粗劣，却可以明显看出是用"复合范"铸造的铜器。它的出现，说明4000多年以前，陶寺先民可能已经掌握了范铸工艺。到了2001年，陶寺又一处墓葬中发现了一件惊天文物——形似齿轮的铜器。这件铜器同样使用范铸法铸造，说明此时，陶寺人使用这项技术已相当成熟……

"从铸铜技术来说，三星堆就是在中原基础上有所创新和发展，但根本上就是范铸，源头可追溯到龙山时代，而那时出

陶寺遗址出土的铜环

土铜器较多的是陶寺遗址。"高江涛说。三星堆也发现了很多铜铃,而迄今为止中国发现的最早铜铃就在陶寺,从礼乐角度而言堪称一脉相承。

此外,三星堆出土了大量有领玉璧。2017年,陶寺也曾发现过有领玉璧残件,而目前中国发现的最早有领玉璧,也属于龙山时代。

高江涛认为,三星堆虽然创造出了独特的青铜文明,但它的技术、礼制等很多东西并非无源之水、无根之木,都能找到源头。"这再度说明了中华文明在多元文化基础上相互借鉴吸收,呈现着开放包容的特质。"

(本文部分图片由中国社会科学院考古研究所陶寺考古队提供)

作者 吴晓铃 吴梦琳

二里头遗址

ER LI TOU YIZHI

多项中国古代都邑和政治制度皆源于此,被考古人誉为『最早的中国』。中国文明探源工程首批重点六大都邑之一。入选2004年度全国考古新发现(偃师二里头遗址宫殿区)。

遗址名片

地理位置：河南省洛阳市偃师区

所处时代：距今3800—3500年

遗址面积：现存300万平方米

赵海涛

中国社会科学院考古研究所二里头考古队队长

二里头夏都遗址博物馆大门

最早的中国,最可能的夏都

夏,中国历史上第一个王朝,在历史文献与考古发现的双重证据中,正在从传说时代走向历史真实。

二里头遗址距今3800—3500年,自1959年开启发掘以来,60余载考古成果丰硕——它代表中国最早的广域王权国家在此奠定;这里,还极有可能就是夏都。

站在二里头遗址公园,猎猎秋风中,中国社会科学院考古研究所二里头考古队队长赵海涛描摹着3000多年前的王朝气象——不仅有纵横交错的城市主干道路网络,规模宏大、布局严整的宫城,还有中国最早的国家级祭祀场所、最早的铸铜作坊、最早的青铜礼器群等。这里的陶盉、镶绿松石铜牌饰、玉璋,几百年后又在三星堆等其他地区发现"同款",它们是中华文明开放包容、交流互鉴的鲜活例证……

六座都邑性遗址之一

> 宫殿四合院式,有中轴线,建筑左右对称,一门三道,这样的建筑制度,是此后几千年来中国古代宫室制度的发端……
>
> ——赵海涛

从河南洛阳向东出发,车行不到 1 小时,便来到偃师区境内的二里头遗址。这是一片南临古洛河、北依邙山、背靠黄河、面积不少于 3 平方公里的广袤原野。秋风浩荡,遗址博物馆外遍植的芦苇随风飘摇,平添几分萧瑟。

60 多年以前,二里头还是一片再也普通不过的农田。不过彼时,二里头所在的伊洛平原,已经进入考古学者的视野。

"这是因为此前甲骨文和殷墟的发现,铁证了商代的存在。"赵海涛说,"那么,当商成为信史,对夏的探索,便成为摆在中国考古学者面前的一大课题。"

正是在此背景下,中国著名考古学家徐旭生通过梳理大量传世文献,发现夏代的活动范围主要集中在河南的中西部和山西南部,尤其夏都斟鄩的位置,大致在伊洛平原地区。1959 年,徐旭生在 72 岁高龄不辞辛劳,率队在豫西开始了"夏墟"调查。他们果然在二里头地表发现散落着的大量陶片,这些陶片不仅分布范围广,保存相对完好,还能看出代表着一种比较高的文化面貌,针对二里头的发掘就此展开。

3000 多年前的这座古老遗址,缓缓揭开尘封的面纱。

二里头遗址发掘大致分为了四个阶段。在 20 世纪 50 年代末到 70 年代末以及八九十年代的第一、二阶段考古中,考古人员最重要的成果是在这里发现了面积约 1 万平方米的一、二号宫殿基址以及铸铜作坊,多座随葬青铜器、玉器的高级贵族

遗址一角

墓葬，初步证明了二里头遗址是一处3000多年前的都邑性遗址。

伴随着20世纪90年代尤其是21世纪初中华文明探源工程开启，二里头遗址成为首批纳入的6座都邑性遗址之一。明确的学术目标，让考古人员在新一轮探索中有了一系列重要收获。

他们对宫殿区进行重新钻探和重点发掘，发现在一、二号宫殿之外，还集中分布着十余座宫殿。宫殿区外有纵横交错的大路，筑起了城墙，围成一个约10万平方米的宫城。"宫殿四合院式，有中轴线，建筑左右对称，一门三道，这样的建筑制度，是此后几千年来中国古代宫室制度的发端……"赵海涛表示。

惊喜接踵而来。2004年，考古人员在宫城以南又发现了一处大型夯土墙围着的区域，这是一处绿松石器加工作坊。2011年，又一处面积超过2100平方米的建筑基址被发掘。这处基址台基坐北朝南，是目前为止发现的年代最早的多院落大型宫室建筑遗址……

仅仅露出冰山一角的二里头遗址，让人充满想象。

东亚大陆最早的广域王权国家

二里头规模宏大、布局严整，无论是规划观念、宫室制度还是出土文物，都能说明它是史无前例的王朝大都。

——赵海涛

这是一派王朝大都的气象。

"它肯定是一座都城。"赵海涛在二里头已持续工作近20年，对这里的一切了然于胸，"二里头规模宏大、布局严整，无论是规划观念、宫室制度还是出土文物，都能说明它是史无前例的王朝大都。"

二里头遗址出土的陶器

乳钉纹青铜爵，二里头遗址出土，被誉为"华夏第一爵"

二里头遗址公园，专门复原了遗址中心区的主要布局。从中可以看到，这座遗址西北低而东南渐高，遗址中心区就坐落在中部和东南部的略显隆起的高地上。南北向和东西向分别有两条道路纵横交错，构成"井"字形的干道网络，宫殿区恰好位于"九宫格"的中心位置。宫殿区周边，制造贵族奢侈品的官营手工业作坊区、祭祀区和贵族居址及墓葬对宫殿形成"拱卫"之势；再向外，才是一般居民活动区。

在赵海涛看来，二里头的规划观念和宫室制度，充分体现出当时国家等级分明、秩序井然的统治格局，独具中国古代政治文明特质的王朝礼制已经形成。"尤其建筑坐北朝南、一号宫殿为代表的一门三道制度，后世皇家建筑一直沿用，至今在故宫午门还能看到。这样的大型宫殿建筑，也从侧面说明只有掌握了大量劳动力的统治者才能建成。"

这里还有中国最早的国家级祭祀场所，发现多处以幼猪为牺牲的祭祀遗存。

二里头出土绿松石龙形器

最早的官营手工业作坊区，其中的绿松石器加工作坊是迄今东亚地区发现的唯一一处。

最早的青铜器铸造作坊

最早的青铜礼器群……

"在同一时期的中国甚至东亚地区，只有二里头具备这些史无前例的伟大创造，这说明二里头当时应该处于核心地位以及发展的最高水平。"赵海涛说，尤其难能可贵的是，它表现出来的王朝气象，绝大多数商文明完全继承，并且一直延续了下去，"二里头王国的出现，具有划时代意义，它标志着中国历史从各地文明并存和竞争、满天星斗的古国时代，开始进入了二里头一家独大、月明星稀的王国时代。所以，我们完全可以说它是中华文明总进程的核心引领者"。

如果说都城的营建让人难以理解王朝大都的气象，那么二里头出土文物所体现的金玉共振、礼乐相和、龙腾华夏、戈兵攘攘……一整套完备而规整的中国古代政治文明特质的王权礼制，就具有更直观的视觉和心灵震撼力。

二里头夏都遗址博物馆，青玉牙璋、青铜爵、鼎以及镶嵌绿松石铜牌饰、绿松石龙形器复制品，都被陈列在展厅的中心位置。中华文明探源工程首席专家王巍说，牙璋，在更早时期可能只是一个工具，但到了二里头时期开始大型化、仪仗化，实用功能消解，扉牙形象龙形化，转而成为王权礼制的象征。爵、鼎等原来的实用器，在此时也演变为一整套青铜礼器，和等级身份产生了联系。

形制古朴、庄重的青铜爵、青铜斝，是迄今为止中国发现的最早青铜器。色泽至今鲜亮的镶绿松石铜牌饰，是中国最早的铜镶玉石制品，历时3000多年，出土时未见绿松石松动脱落，表现出了高超的镶嵌技术。2004年，考古人员在一座贵族墓葬发现了随葬的大型绿松石龙形器，2000多片细小的绿松石镶嵌成70多厘米的长"龙"。这条"龙"巨头蜷尾，龙身曲伏有致，形象生动，在中国早期龙形象的文物中十分罕见。尤其让考古人员兴奋的是，这座墓葬除了随葬有龙形器，还有铜铃以及漆器、海贝、白陶等稀有物品，这些来自不同地区的资源，体现了二里头统治者对不同地区文化创造的掌握和整合。

二里头是夏都吗？

> 二里头遗址宏大的规模、丰富的内涵及其反映出来的众多发明创造，代表了夏王朝中晚期华夏文明发展的新高度。
>
> ——李伯谦

那么，如果夏真的存在，它的都城在哪里？

二里头如此具有王朝气象，且被考古学者认为主体属于夏文化，那么它是夏都吗？

著名考古学者许宏曾在二里头主持发掘多年，对二里头饱含深情。他认为二里头是"最早的中国"——东亚大陆最早的广域王权国家，却也谨慎表示在文字还没发现之前，这里还不能称为是夏都。不过在李伯谦、邹衡、王巍等更多学者看来，结合历史文献以及二里头所表现出来的王朝气象，二里头最有可能是夏王朝的遗存。北京大学考古文博学院教授、夏商周断代工程首席专家李伯谦直言，二里头遗址宏大的规模、丰富的内涵及其反映出来的众多发明创造，代表了夏王朝中晚期华夏文明发展的新高度。

关于夏的历史，流传着太多故事。大禹治水划定九州，禹迹所至即天下。禹都阳城、禹征三苗、禹会涂山等文献所载的重要历史事件，成为夏建立统一王朝的基础。最终在中原沃土，中国历史上第一个世袭王朝形成。

夏都的记载，史料大多指向伊洛之间。

《史记·夏本纪》云："太康居斟鄩、羿亦居之，桀又居之"。古本《竹书纪年》同样记载："太康居斟鄩，羿又居之，桀亦居之。"虽然说古史记载可能会存在偏差，但王国维在甲骨文中发现的商代世系，和《史记·殷本纪》基本相同，证明了史书关于商代的记载基本真实。由此可以说明,《史记·夏本纪》的记载并非空穴来风。

二里头究竟是不是夏都,史料之外最重要的便是考古材料。

赵海涛表示,二里头遗址经过碳14测定,其年代最早在公元前1800年左右,相当于史料记载的夏代。二里头遗址所表现出来的王朝气象,显然可以说明它是一个都城。再加上目前对该区域进行的调查,发现并没有第二处像二里头这样的超大型遗址,所以二里头应该就是夏代都城遗址,即夏斟鄩的所在地。

考古人员还在此发现了更多夏商交替的证据。

二里头遗址的居民在公元前1800年左右在此营建大型聚落,鼎盛时期面积扩大到300多万平方米。但是到了二里头遗址的晚期阶段,二里头的大多数宫室建筑、城墙和道路系统却遭到了破坏。与此同时,新的大型夯土建筑出现在原来的宫殿区,一批商族和东夷族的陶器也出现在了二里头……赵海涛表示,这种变化应该就是二里头的对立政权入侵,也即商汤灭夏的结

二里头遗址一角

果。"若不是对立政权暴力入侵，象征旧有上层礼制的宫城不会被破坏。"

更多考古成果揭开这段政权更迭的历史细节——入侵二里头的政权摧毁了象征王权的礼仪性建筑，新修了与原有布局结构不一样的6号宫殿，却继续使用着原来的铸铜和绿松石作坊。"这是因为铸铜和绿松石等手工业，在当时堪称高科技，新政权难以马上掌握，只能一边利用这些技术，一边等待新的都城建成。"赵海涛说。有意思的是，距离二里头只有6公里远的偃师商城，是商朝早期都邑，它的铸铜作坊修筑时间却偏偏晚于宫殿建筑时间。"这说明商人一边在二里头进行破坏，一边在偃师商城进行营建。等那边一切就绪，尤其是掌握了相关技术以后，二里头的作坊也就废弃了。"

最近几十年，考古人员还在郑州西侧陆续发现了大师姑、望京楼、东赵和平顶山蒲城店等多座夏代晚期的城址。它们每隔数十公里一座，密集分布在二里头的东边，"商朝兴起于黄河中下游，这些城址很可能就是二里头政权为了防御商族的西进所建，因为我们在二里头的西边还没发现这样的城址。"只是历史的车轮滚滚向前，夏朝在历经数百年以后，最终还是被商取代。

二里头遗址，历经几代考古人的付出，如今已发掘了5万多平方米。未来，考古人员还将针对二里头的城市布局、手工业作坊分布、动植物考古等多个方向展开工作。"这可能还要很多代考古人持续投入。"赵海涛说。

或许在不远的将来，关于夏都的秘密，会被逐渐揭开。

从三星堆到二里头，
"同款"文物的背后

中华文明源远流长、博大精深。

最近几十年的考古成果显示，距今4000年前后，东亚地区不同族群相互交流、文化碰撞后，逐渐形成一个文明交互作用圈。在距今3800年前后，二里头遗址为代表的二里头文化以中原文化为依托，兼收并蓄其他区域文明因素，首次突破了地理单元制约，开始了强力向外扩张及文化辐射，成为中华文明总进程的核心与引领者。

有意思的是，跨越山海，千里之外的三星堆也吸收了来自二里头的先进文化因素，它对外来文化的开放包容，恰恰也折射出中华文明兼收并蓄、海纳百川的特质。

"二里头本身在中原的基础上，吸收了海岱、江汉、西北、北方等多地的优秀文化因素，这也使二里头文化呈现出开放和包容的特性。"赵海涛说，二里头高等级墓葬中出土有海贝，又可见江南风格的鸭型壶与云雷纹，便是鲜活的证明。也正因如此，"二里头不仅实际控制范围包括了河南省大部分区域以及山西南部在内的中原腹地，对外拓展和影响的力度也前所未有。"向南，二里头文化渗透到了江汉地区；向东，波及江淮、海岱；向西，影响到甘肃东部；向北，达到了内蒙古中南部和西辽河流域。

在二里头作为仪仗用具的牙璋，是二里头文化对外辐射的重要代表。它不仅从中原扩散到了长江流域中下游地区，还出现在了三星堆，甚至香港和越南北部。王巍在三星堆祭祀区新一轮考古发掘的新闻发布会上曾表示，这些不是工具或武器的器物能够辐射到如此远距离的区域，说明了这个广阔区域对中原王朝政治理念、礼仪制度的认同。二里头文化主要的兴盛年代在距今3750—3520年，"这个阶段，在中国大地上已经形成了一个前所未有的绝对的中心"。

远在中国西南的三星堆，在神秘独特的青铜器之外，不乏二里头文化元素的文物出土。

形体巨大、雕琢精美的牙璋在三星堆大量出现。在这里，牙璋成为祭祀用的仪仗用具。三星堆出土的牙璋，解决了作为礼器的牙璋怎么使用的问题——在三星堆出土的祭山玉璋上，雕刻着三星堆人手握牙璋的形象，说明它主要功能是用于祭祀。三星堆以及金沙大量发现牙璋，还引起了专家的特别重视。"二里头牙璋文化向南辐射到了越南北部，极可能就以三星堆为中转站。"王巍表示。

不仅是玉璋，在三星堆，还出土了与二里头形制非常接近的镶嵌绿松石铜牌饰、陶盉。三星堆七、八号坑的发掘过程中，也再度发现了石磬、铜铃等器物。有意思的是，三星堆出土的铜牌饰看上去远不如二里头的精美，可能只是模仿了其外型和使用功能。此外，三星堆的陶盉，外形和二里头的基本一样，仅在细节处略有不同，应该是在当地烧造，却继承了把它作为贵族专用酒礼器的使用功能。赵海涛认为，二里头文化的繁荣阶段明显早于三星堆青铜文化繁荣阶段。两地出土文物的相似，说明二里头作为一个广域王权国家，文化向四周强势辐射的特点明显。三星堆作为区域文化的一支，接受了二里头的上层礼制。"从这个角度而言，二里头的文化和礼制观念的传播，改变了三星堆为代表的成都平原地区文明发展的进程，而这也能够解释中华文明为何能够生生不息、连绵不断，因为它的兼容，最终造成其强大的生命力。"

三星堆 VS 二里头
文物"对对碰"

二里头出土的镶嵌绿松石铜牌饰　　　　三星堆出土的镶绿松石铜牌饰

镶嵌绿松石铜牌饰

二里头遗址出土此类铜牌饰共3件，形制大同而略有小异。青铜牌架之上镶嵌有数百枚方、圆或不规则的绿松石，几乎没有脱落。它们出土时均置于贵族墓葬中墓主胸口处，可能是象征身份地位的装饰品。

三星堆出土的其中一块镶绿松石铜牌饰外形和二里头大体相似，但铜牌锈蚀严重，镶嵌的绿松石也有松动脱落，显然二里头的镶嵌工艺更加精湛。

此类铜牌饰在二里头和三星堆之外，甘肃天水也有出土。

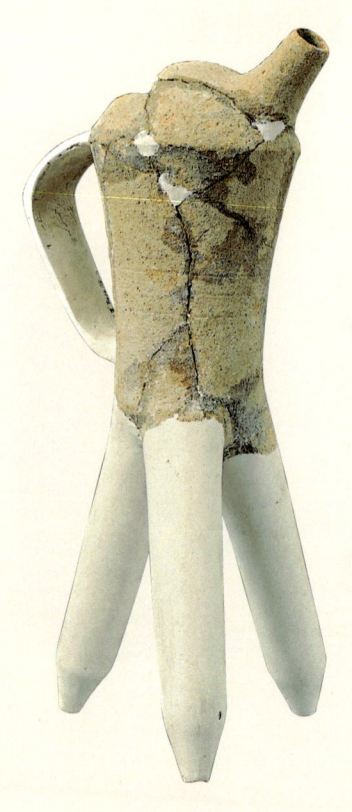

三星堆出土的陶盉

二里头出土的陶盉

陶盉

长腿、束身、手叉腰……二里头和三星堆的陶盉,完美撞脸。

赵海涛介绍,根据目前的考古资料,陶盉起源于中原地区,在距今 4000 多年的河南龙山文化遗址中就出现过这种器物,而在同时代,长江流域还没有同款。二里头时代,陶盉成为贵族专用的酒礼器,三星堆接受了二里头的礼制,陶盉、陶豆等器物也因此在三星堆出现。

牙璋

从外观上看,三星堆遗址和二里头遗址出土的牙璋整体上相似度极高,均体量大、龙形化。

虽然三星堆牙璋的祭祀坑已是商代晚期,年代比二里头时期晚了数百年,彼时中原地区已不流行牙璋,但三星堆仍然将这种来自二里头的上层礼制延续了下来。

三星堆出土的玉璋　　　　　　二里头出土的玉璋

殷墟遗址

YINXU YIZHI

2006年，入选世界文化遗产名录。

遗址名片

地理位置：河南省安阳市
所处时代：距今3300—3046年
遗址面积：40平方千米

岳占伟

中国社会科学院考古研究所研究员、殷墟博物馆执行馆长

殷墟宫殿宗庙遗址

殷墟，一个王朝的背影

90多年以前，国人对商代的认识，还仅仅停留在《史记·殷本纪》短短两千多字的记载。1928年，一群考古人以频频被当成龙骨出售的甲骨为线索，来到了河南安阳小屯村。他们想通过一次考古发掘搞清楚甲骨来源，却因此揭开了一个3000多年前辉煌灿烂的青铜文明——殷商。正是此行开启的连续发掘，以宫殿、青铜器、甲骨文等惊世发现，确认位于小屯村的殷墟，就是商代盘庚迁殷后的国都，中国商代历史由此成为信史。

夏商周断代工程首席专家之一的李伯谦曾这样评价："就考古学而言，没有哪处遗址的重要性超过殷墟。"

中国信史提前上千年

> 殷墟发现最大的价值，便是让商朝历史成为信史。
>
> ——岳占伟

历时90多年发掘，这处中国第一个有文献记载并为甲骨文和考古发掘所证实的商代都城遗址，早已建成为考古遗址公园和5A级景区。

"殷墟发现最大的价值，便是让商朝历史成为信史。"

岳占伟，中国社会科学院考古所研究员、殷墟博物馆执行馆长，已在殷墟从事考古工作20多年，他以这句学术界共识，为我们展开了殷墟考古的近百年历程。

时间回到20世纪20年代，此时，距离金石学家王懿荣因病购药偶然发现甲骨文已有20多年。不仅金石学家罗振玉经多方求证，探明发现甲骨的地点是河南安阳小屯村，认为这里就是文献记载的殷墟；学术大师王国维还根据甲骨文资料整理出了商王世系表，进一步证明了小屯村就是盘庚迁都后的都城。

然而，甲骨文面世的几十年，收藏家和金石学者重金搜求甲骨，小屯村非科学挖出来的甲骨已有10万片左右。岳占伟说："甲骨流失海外带来巨大损失，如果这里是商代都城，村民的挖掘将会严重破坏遗址。"

为了科学认知商代历史，1928年，民国时期的中央研究院历史语言研究所成立考古组，"甲骨四堂"之一的董作宾牵头进行了殷墟第一次长达18天的发掘，发现了800多片甲骨及其他文物。此时的中国积贫积弱，然而用考古材料来证明中国商朝不是传说的信念让学者们热情高涨。从1928年到1937年抗日战争全面爆发前，李济、梁思永等学者先后在小屯、侯家庄、

殷墟出土的甲骨文

大司空村等主持了 15 次发掘，面积近 5 万平方米。

"正是这 15 次发掘，中国考古学界的前辈们找到了商王朝的宫殿和王陵区，出土了两万九千多片甲骨，以及数以万计的青铜器、陶器等文物。"岳占伟说，"尤其王陵和宫殿宗庙的发现，和甲骨文及'盘庚所都……洹水南岸三里有安阳城，西有城名殷墟，所谓北蒙者也'等史料记载对应，证明这里就是盘庚迁殷所在，距今约 3300—3046 年，一举把中国的信史提前了一千多年。"此外，由梁思永在 20 世纪 30 年代主持发掘了侯家庄王陵，尽管此前历经盗掘，仍然出土了精美贵重的牛鼎、鹿鼎等文物，轰动中外。

殷墟再一次迎来考古人，已是 1950 年。

在考古学家郭宝钧的主持下，新中国的考古学者进行了首次殷墟发掘——武官村大墓发掘。这座墓葬虽然不是王陵，却发现了大量殉人和马，为商代殡葬制度提供了丰富材料。此后70多年，殷墟发掘持续进行，"至今已有40多次发掘"。不仅在1976年发现了商王武丁妻子，也就是中国历史上第一个女将军妇好之墓，还于1999年在殷墟东北处再度发现了一座规模巨大的商城——洹北商城，此外，刻字甲骨的数量也不断攀升，迄今已达16万余片。

岳占伟道表示："殷墟的发掘，几乎完全改变了传统史观中夏商周三代历史的面貌。仅这批甲骨，商史便可以据以研究。就是商更早的古史，也可以据此为支点开始上溯。"

国内之最：宫城、青铜、文字和女将军

殷墟宫殿宗庙遗址和王陵区分别位于洹河南北两侧，面积巨大，出土文物众多。其中最引人注目的莫过于发现甲骨文埋藏坑、发现妇好墓，以及发现中国迄今为止最重的青铜器后母戊鼎。

昔日皇皇大都，究竟是怎样一个格局？

在殷墟遗址博物馆，我们见到了根据90多年考古成果复原的殷墟示意图。岳占伟说，殷墟西部约50公里处，是巍巍太行山，东边发掘出了黑土，当时可能是一片沼泽地，洹河流经小屯在此形成一处台地，这里至今还要高出周围四五米。3000多年前，这里是一片依山傍水，既有野生动物可捕获，也有飞禽可射杀，还能免于洪水困扰的宜居之所。

商王朝便在这里重新营建起都城。

它的布局极有特色：聚族而居、聚族而葬。国王和王族成员居住在今小屯村附近的宫殿宗庙区，在宫殿宗庙遗址的西、南两面，有一条人工挖掘而成的防御壕沟，将宫殿宗庙环抱其中，起到类似宫城的作用；其他家族分布在宫殿宗庙区的外围

殷墟妇好墓

形成拱卫之势。国王和王室成员有专门的墓地,即今洹河北岸的王陵区,而王族中的一般成员,只能葬在其居住区附近;其他家族的生产、生活、居住和埋葬也只能在本族区域内进行。整座都城并无城墙,体现出大都无城、天子守在四夷的大气魄。

殷墟宫殿宗庙遗址和王陵区分别位于洹河南北两侧,面积巨大,出土文物众多。其中最引人注目的莫过于发现甲骨文埋藏坑、发现妇好墓,以及发现中国迄今为止最重的青铜器后母戊鼎。

"殷墟甲骨文有3次重要考古发现。"岳占伟说,"1936年,史语所的考古学者在宫殿区发现了一座直径1.5米左右的圆坑,清理后大家发现,这里埋藏的全是甲骨,仅带刻辞的就有一万五千余件之多,堪称甲骨史学上的一大奇迹。此后,考古人员又在20世纪70年代和90年代分别在小屯南地和花园庄东地发现过两次,但带辞的甲骨主要在宫殿区。这是因为占卜行为当时主要由国王进行。"当商王和手下的贞人占卜完吉凶,这些"国家重要档案"便被集中收管,并在一段时间之后进行"资料销毁",这才有了甲骨坑的发现。

亚长牛尊(商)。迄今为止是殷墟发现的唯一一件牛形青铜尊

时至今日，殷墟出土的甲骨已有16万余片，发现4300多个文字。经甲骨文专家数十年如一日的残片缀合和释读，现在能够识读的文字已有1500多个。当古埃及、古巴比伦的文字在历史中消失，唯有在甲骨文基础上形成的汉字在3000多年以后仍在为中国人所使用。2017年，甲骨文也因此当之无愧入选《世界记忆名录》。

1976年，殷墟宫殿区考古再次有了惊人发现。

在此之前，小屯村准备把一片高出周边约80厘米的冈地列入平整土地范围，没想到在考古人员提前进行调查勘探时，一探铲打下去，提上来了红色的漆皮和完整的玉坠——妇好墓由此被发现。

这完全是一次意外的成果。岳占伟说，商王及王室成员，死后有专门的王陵区，因此没有人会想到在宫殿区还有王室墓葬。随着考古发掘的深入，人们根据墓中出土的铜器铭文，再结合甲骨卜辞的相关记载，确认墓主为商王武丁第一任妻子妇好，而妇好生前还是一位征战沙场的女将军，地位显赫。

妇好去世时武丁还在位，因此给妻子以厚葬。妇好墓是殷墟唯一保存完整的商代王室墓葬。考古发现，分7层埋入的随葬品共计1900余件，包括妇好鸮尊等青铜器以及玉器、陶器等，以及6800多枚货贝。其中，妇好孩子给她敬奉的司母辛鼎，同样也异常精美。如今，妇好墓原地保留，成为殷墟遗址的重要组成部分。

妇好鸮尊

漫步在殷墟博物馆，随处可见制作精美的青铜器、玉器等文物，它们见证着商代手工业的发达。中国最大的青铜器后母戊鼎，也以复制品的方式在展厅陈列。1939年，后母戊鼎正是在安阳武官村出土，如今，它和一众商代青铜器一起，已成为中国古代青铜文化最高成就的象征。

90余载发掘
更加鲜活的殷墟迎面走来

近几十年来，考古学者的目标已扩大到研究殷墟环境、人种、人口、家族组织等各个方面，3000多年前的殷墟，正在呈现更鲜活生动的面貌。

如果说老一代考古人需要以甲骨文、城址等来证明一个朝代、一段文明的存在，那么近几十年来，考古学者的目标已扩大到研究殷墟环境、人种、人口、家族组织等各个方面，3000多年前的殷墟，正在呈现更鲜活生动的面貌。

在殷墟遗址，多处现代建筑建成了四合院的样子，它们是以3000多年前殷墟宫殿宗庙形态复原的。

岳占伟说，考古发掘显示，殷墟的四合院建筑虽然并非最早，却已相当成熟。它们造型庄重肃穆、质朴典雅，呈

亚址铜鼎

现了中国古代建筑特有的均衡感、秩序感。以前,老一辈考古人在殷墟宫殿区发掘出甲乙丙三组建筑基址,认为甲组可能就是商王室的寝殿。近年来,考古人员在宫殿区继续工作,钻探出超过10万平方米的池苑遗址。池苑内有湖心岛,地势较高,岛上也有一排排建筑。"所以我们推测商王室的寝殿可能在岛上,原来的甲组建筑,可能是手工业作坊区。"

殷墟池苑的发现,让宫殿区豁然开朗,"我们发现商代的宫殿区并非只有原来的一长块,其实还有池苑风景"。根据考古勘探,其他家族也应是这样既有四合院又有池苑的布局。这些池苑有水渠相连,形成水网。现在看来,殷墟都城里面积最大的是水面,"这是一座水韵灵动的城"。

考古人员还从出土文物中,获得了殷墟先民衣食住行以及文化习俗等更多信息——

他们3000年前就已懂得铺设城市地下管网。殷墟博物馆展柜中,陈列着很多看似不起眼的物品。陶三通,便是3000多年前的殷墟城市地下管道。

殷墟出土的陶器

殷墟出土的精美文物

他们有最原始的"消防"设施大瓮。博物馆展出的大瓮出土于一个高等级家族主殿的台阶旁,推测为防火之用。这口大瓮是一个很有意思的发现。因为在洹北商城发掘中,考古人员已通过遗址随处可见的红烧土、灰烬等确认这处布局严谨的城池遭遇过一场蔓延的大火。岳占伟笑称:"当商人从洹北商城移址小屯村,或许便有了防火经验,开始在院内放置'消防设施'。"

商人好酒,这一习俗在文物中也有体现。酿酒用的大口陶尊高达1米多,小的陶壶、罍则是日常饮酒器。动植物考古显示,他们的主食主要是小米,田猎的对象主要是温顺的鹿或者个头巨大的野牛;他们的畜牧业也已非常发达,一次祭祀就可以宰杀上百只牛羊;至于出行,商代高等级人群已开始使用更舒适快捷的交通工具——马车。殷墟车马馆内,复原了几十年来殷墟发现的多处车马遗迹。它们都由双马提供动力、驭手策马拉车,这也是中国迄今为止发现的最早马车。而殷墟的道路也已非常宽广,很多大型道路宽达十几米,有的甚至还设计了"隔离带",并且铺上了鹅卵石、碎陶片等,非常讲究。

不过，商代的殉葬制度在今天看来，显然十分残忍。博物馆内，岳占伟在两件铜甗前停下了脚步。1984年，考古人员在一处墓葬中发现了一件青铜甗，里面有一个碎裂的头颅。彼时，大家还认为这是砍掉殉人头颅后不小心掉在甗内所致。没想到1999年，又一个装着人头的铜甗出现了。主持当年发掘的岳占伟清楚地记得当时的情形："这是殷墟刘家庄北地第1046号墓，铜甗放于殉人头部，而这个殉人恰好没有头，所以我们推测是砍掉殉人脑袋放在铜甗内进行祭祀，再完成陪葬。"这个祭祀环节，经专家对头骨进行检测，发现钙质流失严重，"因此极可能把人头进行过蒸煮"。

岳占伟说，考古发现殷墟第四期，也就是帝辛所在阶段甚至比武丁还要强盛，"这时四合院建筑最多、大型墓葬也多在这时，青铜铸造也达到又一顶峰……"

未来，殷墟还将继续展开发掘研究，探寻城市更详尽的布局以及族群交往等学术课题。更多关于商代历史的真相，将慢慢揭开。

作者　吴晓铃　吴梦琳　李婷

相似的青铜和玉璧背后，是三星堆与殷墟密切的文化交流

殷墟青铜器，中国古代青铜铸造技术的高峰；三星堆青铜器，同样因其独特的造型和神秘风格吸引着关注。不过在三星堆 20 世纪 80 年代"一醒惊天下"以后，学术界就发现：三星堆的部分青铜器、玉器，和殷墟出土的有不少相似之处。3000 多年以前，三星堆和千里之外的殷墟已经存在文化交流。

2021 年 3 月，三星堆祭祀区开启新一轮考古发掘，包括中国考古学会理事长王巍、北京大学考古文博学院院长雷兴山等在内的多位专家在采访中均表示，从器物形制上看，三星堆青铜器中的大量礼器造型，多是以商青铜礼器为原型融入本土文化加以改造来的，并且具有中原青铜器常见的兽面纹、云纹、夔龙纹等纹饰。尤其作为国之重器的尊和罍，很显然是来源于中原的殷商文化。

三星堆出土的青铜尊

殷墟出土的青铜尊

三星堆出土数量最多的折肩圆尊，和殷墟出土的铜尊形制基本相同。在殷墟博物馆，我们果然看到了和三星堆青铜尊如出一辙的"同款"。不过近看便可以发现，它们造型虽然相似，但殷墟的青铜尊纹饰显然更加精美，非三星堆同类器物所及。

　　殷墟和三星堆年代接近。专家认为，两地出现器物造型的相同，可能是三星堆接受了殷墟的礼制文化，但只选择了其中的尊和罍两种器物作为了国之重器的代表。尊和罍在三星堆的地位，从顶尊跪坐人像中可见一斑。但因为三星堆的青铜铸造工艺还不及殷墟，因此精美程度也有所不同。

　　有意思的是，三星堆和殷墟的文化交流并非只有输入，极可能还有输出。在殷墟博物馆，我们看到了妇好墓出土的有领玉璧，和三星堆大量出土的有领玉璧几乎一样。这样的玉璧，目前在三星堆、殷墟妇好墓、金沙遗址以及湖南等地都有发现。

三星堆出土的有领玉璧

殷墟出土的有领玉璧

司母辛鼎

岳占伟介绍,有领玉璧在三星堆、金沙发现最多,或许四川才是这类有领玉璧的起源地。若是如此,妇好墓中出土的有领玉璧,可能就是三星堆对殷墟进行的文化输出。

事实上,三星堆和殷墟虽然相距千里,但学术界根据近几十年的考古发掘,已基本可以确认两地的交流路线。一条是中原到关中越秦岭进入四川盆地,另一条则是从中原南下南阳、襄樊再沿长江逆流而上进入。中华文明的开放包容,在此再度得以体现。

殷墟，
中华五千年文明史的璀璨明珠

殷墟，中国第一个有文献记载并为考古发掘所证实的商代都城遗址，是20世纪中国"100项重大考古发现"之首、世界遗产。殷墟考古史上的各大之"最"，共同说明殷墟所处的商代，是人类文明史的重要历史阶段。

后母戊鼎

世界最大青铜器：后母戊鼎

高133厘米、口长110厘米、口宽79厘米，重832.84公斤，中国商代青铜文明代表作，禁止出国展出的国宝级文物。（殷墟也是发现铸铜作坊最多的古代都城遗址，2015年发现的一座铅锭贮藏坑存有铅锭3.4吨，可铸造数十吨青铜器）

中国最早的成熟文字:甲骨文

已发现 4300 多字,是目前发现的最古老的成熟文字。为何说成熟?因为即使非文字学家,也多少认识几个甲骨文,不信你试——

殷墟甲骨

国内最早的车马坑遗迹

殷墟考古发掘的商代车马坑是国内考古发现的最早的马车实物标本,也说明我国是世界上最早发明和使用车的文明古国之一。

殷墟车马

中国最早的女将军妇好墓

文献和考古材料证明,妇好是中国历史上第一位女将军。甲骨文里面记载过妇好伐羌方、多次受命主持祭天等,而1976年发掘的妇好墓,随葬品中多达134件兵器,其中两件大铜钺便铸有"妇好"二字。

殷墟妇好墓

殷墟妇好墓

为何殷墟"大都无城"?

说到都城,总让人想到城墙高耸,壁垒森严。然而在商王朝后期都城安阳殷墟却大都无城——在王族居住区即官殿宗庙区之外,只有其他家族居住区组成大小不同的族邑分层级分布在其周围,并无城墙。商王为何不在都城筑起城墙?

中国社会科学院考古研究所研究员、殷墟博物馆执行馆长岳占伟介绍,殷墟以王族居住区即官殿宗庙区为中心,其他家族居住区组成大小不同的族邑分层级分布在其周围。从殷墟都邑的布局模式判断,应该没有城墙。"这是因为殷墟的核心区即官殿宗庙区不仅有河道和人工挖成的大沟进行防御,而且其周围还层层分布着许多族邑,这些族邑可以很好地把官殿宗庙区保护起来。"

殷墟玉鸟

在殷墟四周更大范围的王畿区是商王朝的直辖区,受商王的直接管理,这一区域也可以有效防止外敌对殷墟都邑的入侵。此外,武丁把官殿宗庙从洹河北岸迁至南岸时,商王朝已非常强大,至纣王亡国,这一时期即商代晚期,殷墟作为都城一直是商王朝疆域内的政治、经济、文化、科技等中心,其他方国诸侯没有一个能与之抗衡,无须修建工程浩大的城墙来保护自己。

大都无城,也体现了古代王者"天子守在四夷"的气度。《左传·昭公二十三年》载有楚大夫沈尹戌的一段话:"古者,天子守在四夷。天子卑,守在诸侯。诸侯守在四邻。诸侯卑,守在四竟。慎其四竟,结其四援,民狎其野,三务成功,民无内忧,而又无外惧,国焉用城?"这段话明确地表述了楚国及其同时代的诸国长期以来坚持的"慎其四竟(境)"的外线作战思想和大国气度。殷墟无城的原因与此相似:当都城已有层层藩屏,实际已无须再建筑高大的城垣。

殷墟出土陶器

商代人日常书写应是毛笔字

20世纪20年代以来,安阳殷墟因"一片甲骨惊天下"。中国已知最早的成熟的成系统的文字——甲骨文的发现,实证了商朝的存在。

近百年来,殷墟已先后发现了约16万片甲骨,数千个甲骨文,构建成一个文字系统,也标志着中国文字进入了成熟期。

那么商代人是在甲骨上写字吗?

中国社会科学院考古研究所研究员、殷墟博物馆执行馆长岳占伟介绍,甲骨主要用于占卜,商朝人日常书写应是毛笔字。据介绍,如今所发现甲骨文文字4300多个,主要采用象形、假借、形声等造字方法,为如今的汉字的创制奠定了坚实的基础。在所识读出来的甲骨文文字中,有超过千个至今仍在使用,成为中华民族传统文化生生不息的纽带。

但殷墟所发现的文字,不仅仅刻于甲骨和青铜之上,还有少量书写在玉石器和陶器之上。所以研究人员推测,商代的日常书写并非契刻文字,而是与秦汉一样写在编成册的竹简或木片上,只是随着竹木的腐朽,并未保存至今。

这种推测是因为在甲骨文和铜器铭文中的"册"字,正是以绳索穿串木片或者竹片的形状,而在殷墟出土的一些不易腐朽的文物上,还留有朱笔或墨形文字;在青铜器的铭文上,大量字迹也可看到类似用毛笔书写出来的笔锋和提顿。

殷墟著名的Y127甲骨窖穴,曾发现了一万多片甲骨。专家认为这里应当是商人保存典册的一个府库。据考证,这些甲骨应当都属于商王武丁时期,其中发现了不少涂朱涂墨的刻辞。因此考古学家判断,商人的日常书写是毛笔字。

仰韶村遗址

YANG SHAO CUN YIZHI

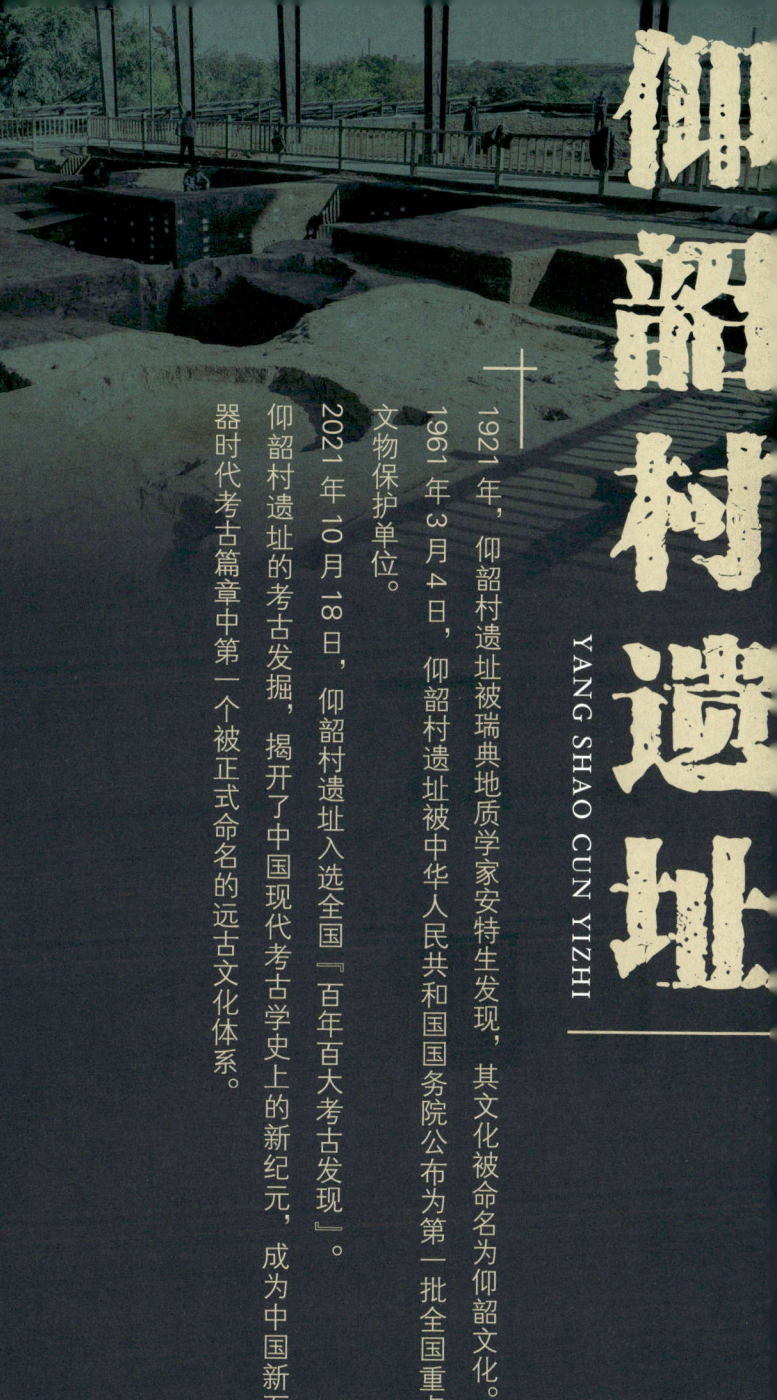

1921年，仰韶村遗址被瑞典地质学家安特生发现，其文化被命名为仰韶文化。

1961年3月4日，仰韶村遗址被中华人民共和国国务院公布为第一批全国重点文物保护单位。

2021年10月18日，仰韶村遗址入选全国"百年百大考古发现"。

仰韶村遗址的考古发掘，揭开了中国现代考古学史上的新纪元，成为中国新石器时代考古篇章中第一个被正式命名的远古文化体系。

遗址名片

地理位置：河南省三门峡市渑池县仰韶镇仰韶村

所处时代：距今7000—5000年

现存面积：30余万平方米

仰韶村遗址

中国现代考古学百年，从仰韶诞生

提起仰韶文化，没有考古人不对之产生深深的敬畏。它是华夏文明最重要的源头之一，是黄河中下游地区重要的新石器时代文化遗存。它的发现地河南省三门峡市渑池县仰韶村，见证了中国现代考古学的诞生。双鬓青丝成白发，耕耘春华又秋实，发现仰韶文化的100年，是中国数代考古人薪火相承、风雨兼程的100年。

李世伟

仰韶村遗址第四次考古发掘现场负责人、考古队队长，
河南省文物考古研究院史前考古研究室副主任

中国现代考古学之诞生

> 1921年河南渑池仰韶村遗址的发掘,标志着中国现代考古学的诞生,发现并命名了中国第一支史前时期考古学文化——仰韶文化。

如今的仰韶村,已建起仰韶村国家考古遗址公园、渑池仰韶文化博物馆,不久的将来,这里将完全对公众开放。走在仰韶村国家考古遗址公园步道上,园内道路开阔、绿草如茵,路人三三两两,四周连片的粉黛乱子草,为这片厚重的土地织起一片浪漫的粉色。令人惊讶的是,步道两侧还有陶器碎片区,定睛一看,土地表层还能见到褐色的细碎陶质颗粒。

"当时的彩陶颗粒比现在还多。"正在园内工作的仰韶村遗址第四次考古发掘现场负责人、考古队队长,河南省文物考古研究院史前考古研究室副主任李世伟笑着说,"前辈们最初发掘仰韶村时,我们站的地方,都有大量的陶器碎片。"李世伟口中的"当时",最早可以追溯到1921年。

仰韶文化博物馆

仰韶村遗址

100年前，积贫积弱的中国还在北洋政府的统治之下。此时有一位名叫安特生的瑞典地质学家，受聘为"中国北洋政府矿政顾问"。雄心勃勃的安特生在中国发现了大型铁矿和恐龙化石，受到北洋政府的赞赏。1921年4月18日，听闻仰韶村附近有一些石器新动向，安特生经北洋政府的批准，从渑池县城徒步到仰韶村，在村南约1公里的地方，打算进一步研究，不料却发现了一些被流水冲刷露出地面的陶片和石器，还有夹杂着灰烬和遗物的地层，其中就有引人注目的彩陶片。

1921年10月27日至12月1日，安特生与年轻的中国地质学家袁复礼等先生一起，在北洋政府、河南省政府及渑池县政府的大力支持下，再次来到仰韶村遗址进行了科学的考古发掘，发现了大量精美的彩陶，而且还在一块陶片上发现了水稻粒的印痕。这种以磨制石器与彩陶为特征的史前文化，被命名为"仰韶文化"，安特生也被称为"仰韶文化之父"。

就是这次1921年河南渑池仰韶村遗址的发掘，标志着中国现代考古学的诞生，发现并命名了中国第一支史前时期考古学文化——仰韶文化，在仰韶文化研究史上以及中国考古学发展史上占据着举足轻重的地位。

仰韶文化文物之花瓣纹彩陶钵

为什么是仰韶？

以仰韶文化为代表的中国新石器时代，终于给持续了几十年的"中国文化西来说"画上了句号，用文化自信为民族自信注入一剂强心针。

10月17日，仰韶文化发现暨中国现代考古学诞生100周年纪念大会在河南三门峡市开幕，中国社会科学院学部委员、考古研究所所长陈星灿慷慨陈词："仰韶文化是距今7000至5000年前后、以黄河中游为中心发展起来的一种新石器时代文化，也是全国规模最大、影响最为深远的一种核心文化。仰韶文化是早期中国文化圈最亮丽的一道风景线，为中华文明的形成奠定了重要的物质基础。"

如今被学术界普遍认可的"中国新石器时代文化"，其实在100年前并不被当时的学者们接受。19世纪末期以来，西方考古学家、传教士、探险家虽然在中国不同地区发现了石器，但他们认为中国并没有一个地方大量积存石器，当时石器的形色也无法证明其产自本土，因此断言"中国无石器时代"。与此同时，受西方文化的冲击和影响，以顾颉刚、胡适、钱玄同为代表的中国"疑古派"也质疑华夏千年历史，直至安特生发现仰韶文化遗址名扬四海以后，他们仍然主张"中国文化西来说"，即仰韶村遗址内的陶器是沿着中国甘肃、青海等地区从西方传来，并假设了一条"彩陶之路"。

真理越辩越明。1931年留学归国的梁启超的次子梁思永，发掘了安阳高楼庄的后岗，在这里他发现了中国考古学史上著名的"后岗三叠层"，即仰韶文化层、龙山文化层、商文化层由下而上的三层堆积，从地层上证明了中国的历史由史前到历史时期是一脉相承的，给"中国文化西来说"以有力回击。

面对其他的质疑声，1945年中国著名考古学家夏鼐对甘肃发现的齐家文化遗址进行了深入研究，他发现安特生的分期存在严重错误。事实上齐家文化的时间比仰韶文化要晚。既然东边的文化比西边的文化要早，推测文明应该是自东向西传播。

转机出现在20世纪50年代，著名考古学家夏鼐、安志敏等带队来仰韶村重新发掘仰韶文化。这次夏鼐也在仰韶文化遗址发现了灰陶和黑陶，确定了仰韶村文化遗址是仰韶和龙山文化的混合遗址。1980年至1981年，仰韶村遗址进行了第三次考古发掘，获取了四个不同发展阶段的地层叠压关系，从下而上即从早到晚：仰韶文化中期→仰韶文化晚期→龙山文化早期→龙山文化中期。通过这次发掘，基本明确了仰韶文化的文化内涵。

但在欧洲、近东和中国黄河流域之间，横隔着疆域辽阔的新疆，要抵制仰韶文化彩陶西来说的问题，须对新疆地区的彩陶进行系统研究。随着新疆考古的进步，新疆陆续发掘出史前墓葬四五千座，出土大量彩陶。逐步搞清了新疆彩陶兴衰的基本线索。新疆彩陶并非是由西而来，而是东方黄河流域彩陶西渐的结果，从而提出了彩陶之路的渐新理念。以仰韶文化为代表的中国新石器时代，终于给持续了几十年的"中国文化西来说"画上了句号，用文化自信为民族自信注入一剂强心针。

仰韶村遗址工作人员正在工作

见证中国考古薪火相承

　　仰韶村遗址的发掘，被视为西方近代田野考古学真正传入中国的标志性事件。

这是我国第一次有计划、有组织开展的田野考古发掘工作，中国新石器时代考古学就此起步。"你看我们现在的第四次发掘，也是田野考古。"李世伟说道。李世伟手里的这根考古接力棒，在仰韶文化发掘的100年间传递了3次。

100年来，在渑池县仰韶村遗址先后进行了四次考古发掘，在1921年安特生首次发掘、1951年夏鼐带队的第二次发掘后，1980年10月到1981年4月，由河南省考古研究所与渑池县文化馆联合进行第三次发掘，此次发掘，基本弄清了仰韶村文化遗址的内涵，进一步证实了仰韶村遗址存在着仰韶和龙山两个考古学文化。

在仰韶文化发现暨中国现代考古学诞生100周年之际，2020年8月，仰韶村遗址迎来了第四次考古发掘，围绕遗址南部核心区和遗址中北部仰韶文化壕沟、龙山文化环壕等重要遗迹开展考古发掘研究相关工作，为黄河文化、中原地区文明化进程等课题提供新的考古资料。

经过一年多的努力，仰韶村遗址考古发掘有了新的发现。最主要的发现在仰韶晚期，其地层堆积厚，出土遗物发现数量最多，以陶器为主，另有玉器、石器、骨器、蚌器等。从考古调查、勘探及第四次发掘情况来看，仰韶文化晚期出土遗物种类多样、内涵丰富。发现的青灰色"混凝土"，可能为房屋建筑地坪，"涂朱"红褐色草茎泥可能为房屋建筑墙壁，这些高等级房屋建筑遗存在仰韶村遗址是首次被发现，为研究仰韶遗址及豫西地区仰韶文化时期房屋建筑的类别、形制、技术等提供了新材料。仰韶村遗址出土有玉钺、玉环、象牙镯形器等高等级遗物，并出现大型壕沟作为防御设施，其聚落面貌比仰韶中期有了更高程度的发展，是仰韶村遗址的鼎盛时期，距今5000年左右。

系统性考古勘探和第四次考古发掘表明：仰韶遗址现存面积30余万平方米，是渑池盆地中面积最大的新时期时代遗址，遗址文化内涵丰富、延续时间较长、学术研究价值较高，是渑池盆地一处重要的大型中心性聚落遗址。

仰韶文化推进中原史前文明化进程

近些年发现的大型仰韶聚落，已经足以让我们重新评价仰韶的社会进程。

——王仁湘

近年来学界关于仰韶文化研究的新动向，又结出了不少丰硕的果实，推进了中原史前文明化的进程，它们在百年中国现代考古光环下，星罗棋布，熠熠生辉。

大范围内，2020年十大考古新发现中的河南巩义双槐树遗址现存面积117万多平方米，确认是最大的仰韶文化遗址，被认为是仰韶文化中期的核心分布区。大型聚落内部也有分化。面积达200平方米以上的特大房址、100余平方米精心加工的大型房址，往往和大型高等级墓葬组合在一起。而面积数十平

仰韶村遗址

仰韶村国家考古遗址考古公园

方米的中型房址和中型墓葬组合，小型简陋房址则与小墓甚至灰坑乱葬相邻。如西坡遗址大墓出土玉器、象牙器等高等级随葬品，最大的房址外带回廊，面积超过500平方米，是考古发现的中国史前最大单体建筑，分析可能有高耸的重檐大屋顶，建筑具有殿堂性质。

　　河南郑州以西至河洛地区，也是仰韶中晚期文化十分重要的分布区。大型中心性聚落呈集群式分布，聚落规模庞大，一般达数十万平方米，有两三周环壕，是中原出现的最早一批城址。郑州大河村遗址面积70万平方米，建筑在地面上的连间套房并排相连。郑州西山的仰韶文化城址、版筑城垣在建筑史上占据重要地位。在陕西高陵杨官寨发现了面积80余万平方米的仰韶中晚期聚落，有大型环壕、大片墓地和制陶作坊区，这是关中地区少有的新发现。

中国社会科学院考古研究所研究员王仁湘认为，近些年发现的大型仰韶聚落，已经足以让我们重新评价仰韶的社会进程。依据现在所获得的考古资料，研究者认为在仰韶中晚期出现了社会复杂化现象，推进了中国早期文明化进程，更令人期待的历史画卷正等待着我们悉心打开。

总之，正如陈星灿所言，仰韶文化的发现与研究历程，也反映了中国现代考古学探本求源、揭示中华文明发展脉络和辉煌成就的百年历程。经过几代考古学者接续奋斗，我国考古工作在百年间取得了一系列重大发现和研究成果。距今5300年前后，以良渚文化为代表的长江流域、以仰韶文化为代表的黄河流域和以红山文化为代表的西辽河流域社会快速发展，推进了文明化进程，各地区密切互动，形成被称为"中国相互作用圈"的文化共同体，中华文明由此形成。距今4300年前后，长江与西辽河流域的古国逐步衰落，而黄河中游地区开始崛起，山西陶寺、陕西石峁等遗址出现超大型城址，在各地区文明的竞相发展和激烈碰撞中，中原腹地最终崛起，中华文明的发展步入新阶段。"中华文明具有5000多年绵延不绝的历史！"

写进教科书的仰韶文化小口尖底瓶，是盛酒的？

饱满的流线型瓶身，半圆的涡纹双耳，小巧的圆形瓶口与尖尖的底部收紧整个瓶子的线条——小口尖底瓶是仰韶文化中的经典器物类型。仰韶文化发现地、命名地仰韶村遗址内，出土了大量小口尖底瓶。

作者一行在仰韶村国家考古遗址公园内，就发现了不少以小口尖底瓶为素材的景区雕塑。据了解，如今在国家博物馆、陕西博物馆等，都保存着不同特点的小口尖底瓶。此外，小口尖底瓶还写进了人民教育出版社、北京师范大学出版社、华东师范大学出版社等出版的初中教科书里，成为一代人的记忆。

但在大多数人的印象里，小口尖底瓶是一种汲水器。有学者设想当时人们用绳子穿过瓶身双耳，将瓶子放置于河水中，瓶空时瓶身倾斜，水灌入瓶中，由于瓶口小，水不易倒出，直至瓶子汲水至适量后，瓶身垂直于水面，达到"平衡取水"的目的。

作者　李婷　吴晓铃　吴梦琳

摄影　向宇

寻根五千年中华文明

三星堆对话古遗址

石家河遗址

盘龙城遗址

xungen wuqiannian
zhonghua wenming

长江行

凌家滩遗址　　　良渚遗址

石家河遗址

SHI JIA HE YIZHI

1996年11月,被国务院公布为全国重点文物保护单位。

2001年3月,被评为"中国20世纪100项考古大发现"之一。

2017年1月,被评为"2016中国六大考古新发现"之一。

2021年10月,石家河遗址入选"百年百大考古发现"名单。

遗址名片

地理位置:湖北省天门市石家河镇

所处时代:距今5900—3800年

遗址面积:总面积8平方千米

位于湖北省天门市的三房湾遗址,被判定为石家河文化晚期至后石家河文化阶段的以烧造红陶杯为主业的专业窑场

方 勤

时任湖北省博物馆馆长、湖北省文物考古研究所所长
现任湖北省文物考古研究院院长

庞大恢宏的史前古城

2021年,随着三星堆遗址祭祀区新一轮考古发掘大量新发现,地处西南、位居长江上游的古蜀文明,再次惊艳世人。

当我们把目光放到这个以水为介质的空间结构——长江流域中,从上游的三星堆遗址,到中游的石家河遗址、凌家滩遗址,再到下游的良渚遗址,它们共同串联成一条文明"星带",在中华文明起源的璀璨星空中,与黄河文明交相辉映。

2021年9月,四川日报全媒体"寻根五千年中华文明,三星堆对话古遗址"大型融媒体报道组从三星堆出发,沿着长江一路前行,来到位于湖北省天门市的石家河遗址,这里是长江中游发现的面积最大、延续时间最长、等级最高的史前聚落群,遗址主体年代距今5900年至3800年,发现了数以百万计的陶器,以及数百件精美绝伦的玉器。

长江中游规模最大史前城址群

> 持续进行的石家河遗址科学考古工作,深化了对于长江中游史前文明的认知,也揭示出与中原文明以及长江流域其他地区文化的交流和影响。
>
> ——方勤

站在肇造于近5000年前的城垣遗址上,眺望着眼前广袤的稻田,畅想曾经总面积达120万平方米的史前古城的庞大恢宏和繁荣兴盛,一种文明时空穿越之感扑面而来。

天门市博物馆

"持续进行的石家河遗址科学考古工作，深化了对于长江中游史前文明的认知，也揭示出与中原文明以及长江流域其他地区文化的交流和影响。"时任湖北省博物馆馆长、湖北省文物考古研究所所长方勤说，地处长江中游的石家河，与宝墩、石峁、陶寺等同时期文化圈互相作用，多维度揭示了早期中国的文明基因，对中华文明多元起源做出重要贡献。

石家河遗址所处的江汉平原，气候温和、土壤肥沃，历来有"鱼米之乡"的美誉。据目前考古发现，早在距今7000年，就已有人类在这里居住繁衍。

20世纪50年代，为配合当地水渠工程建设开展考古调查，遗存分布丰富的石家河遗址进入考古学家视线。60年来，数次艰苦细致的科学考古工作，逐步还原出这一长江中游规模最大的史前遗址的文化面貌。"石家河遗址群主体面积约8平方公里，持续时间很长，主要时间跨度为距今5900年至3800年，这一时期正是中华文明形成的关键期。"方勤说。

方勤介绍，石家河遗址是一处持续发展了2000年的大型史前城址群，包括约40处遗址遗存点。要认识石家河遗址，可以依据不同的标志性特征，分为三个时空框架。

第一阶段：距今5900年至4800年的中心聚落初步形成期，逐渐建成了中心聚落谭家岭城，这一时期可称为谭家岭城时期。

第二阶段：距今4800年至4200年的繁荣鼎盛期，以面积达120万平方米的石家河城的建成为标志，可称为石家河城时期。

第三阶段：距今4200年至3800年的后石家河文化时期，也被称为肖家屋脊文化时期，这一时期，文化面貌发生了较大改变，原本的石家河古城不再使用，但大量玉器开始出现，玉器造型丰富、制作精美，体现着高超的琢玉技艺。

城的产生，是人类社会发展到一定阶段的产物，同时也能反映出当时社会的发达程度。方勤介绍，在谭家岭城时期，距今约 5500 年，一座古城形态已经初步确立，有着由黄土堆筑而成的城墙，城墙之外还有城壕，城壕内总面积约 26 万平方米。

随着时间车轮向前，社会不断发展，到了石家河城时期，以谭家岭古城为中心，城市规模向外极速扩张，总面积达到 120 万平方米，成为同时期长江中游的中心聚落和都邑性城市。

在今天，人们似乎很难想象，在 4800 年前生产工具较为落后的史前社会，人们是如何建造出这样一座如此规模庞大的古城？保存至今的石家河古城西、南两面的城垣，则真切地昭示着几千年前这里的辉煌繁荣。

在天门市博物馆徐同斌的带领下，作者一行登上了石家河古城的西城垣。西城垣保留最为完好，总长度超过 1 千米，虽然已长满了野草，但依然能感受出曾经的气势恢宏。而城垣旁宽阔的护城河，也同样被保留了下来，河面波光粼粼，增添了别致风景，也留给今人探寻古代历史一个讯息。

20 世纪 90 年代，这一段当地人习以为常的"土坡"被考古人员发现实际上是一段古城墙，从而逐步确认了石家河城这一庞大古城的存在。

"从地理空间上看，石家河古城周边，还紧密环绕着二三十个一般聚落，共同形成了一个有着密切关系的聚落群体。以石家河城为核心的石家河聚落群，正是当时江汉平原的统治中心。"徐同斌介绍。

专业化规模化的社会生产

这里埋藏着的红陶杯，总数应该超过 200 万只。有一些是生活用具，应该是用来喝水的，还有一些，口沿外翻，容积非常小，应当是祭祀使用。

——徐同斌

石家河不仅规模庞大，而且古城内功能区域划分明确，目前已知的包括居住区、墓葬区、手工业区等。

　　居于城中心的谭家岭，在石家河古城时期，发展为重要的居住区。在这里发现了房址、墓葬和灰坑。房屋的形态均为长方形，以分间式为主，也有单间式。2016年，考古人员在这里发掘出一座残存的石家河早期的面积达144平方米的建筑台基，据推测，这里或许就是宫殿性礼仪建筑留下的遗迹。

　　而位于城内西南部、靠近古城城垣的三房湾遗址，则是手工业区。截至2021年底，在这里已发掘出土了数以万计的厚胎红陶杯残件，以及与制陶有关的窑址、黄土坑、储水缸、烧土面、洗泥池等遗迹，考古学家判定，这里正是一处以烧制红陶杯为主的专业窑场。

　　现场堆积的红陶杯密密麻麻、层层叠叠，蔚为壮观。根据初步勘探与研究，这些红陶杯年代距今4300年至4000年，堆积的范围超过5000平方米，厚度达到1米至2米。"据估算，这里埋藏着的红陶杯，总数应该超过200万只。"徐同斌说，

石家河镇龙嘴遗址出土的带盖广肩罐

"这里生产的红陶杯,有一些是生活用具,应该是用来喝水的,还有一些,口沿外翻,容积非常小,应当是祭祀使用。"

特别的是,留存在三房湾遗址的红陶杯,基本都是残破的,几乎找不到一件完整品。"据此推测,当时生产的质检非常严格,好的就拿走了,残次品则留下来废弃堆积在这里。"徐同斌介绍。

光是残次品就已超过 200 万只,从这里所产出的红陶杯的总量更是惊人、难以估算。生产如此数量庞大的红陶杯,显然不只是为了满足石家河先民们使用,很有可能具有商贸功能,与周边聚落进行交换。在徐同斌看来,这也正反映出当时已经存在大规模专业化生产,这是社会分工的进一步细化。

在石家河古城外,还有着"配套建筑"。位于石家河古城西城垣外、古城正西方,有一座人工堆筑的方形台地,南北长 110 米、东西宽 130 米,被称为印信台遗址,应当是当时的古城配套的祭祀专用区。据介绍,考古人员在这里发现了 100 余套瓮棺遗存,包括盖鼎、扣碗、立缸等,此外还有将红陶缸排列有序、相互套接的套缸遗迹。这些套缸均为夹粗砂红陶,器型以宽折沿深腹小平底缸为主,上面刻画着不同符号,有些类似于镰刀、号角、杯子,或许在文字起源之前,人们以此来传递某种讯息。

在方勤看来,这样一个大体量的完全由人工堆积的方方正正的台地,在当时也必然耗费了不少的人工成本,可见这在石家河人心中,有着非常神圣的地位。

"印信台所发现的套缸遗存,最长的有 30 多节、9 米多长。通过对套缸的形制、纹饰、成分、上面刻画的符号等进行分析显示,这些套缸来自几个不同的生产场所,同时,套缸直接存在着打破的早晚关系,表明这里进行的祭祀活动是不同的人群参与、不同时间进行的结果。"方勤说。

方勤介绍,石家河聚落遗址遗存丰富,既拥有同时期长江中游地区规模最大的城址,又有大型的居住址,同时还有印信

玉人头像

台这样的大型祭祀遗址和三房湾遗址这样的大型制陶作坊。正是从聚落功能分区和出土遗物的等级及丰富程度等多方面分析，石家河遗址可以被视为当时长江中游地区文明的中心，具有文化引领与文化辐射的重要地位。

史前玉文化又一个巅峰

石家河遗址出土的玉器体量较小，但玉质很好，器型非常精致，使用圆雕、透雕、浅浮雕、减地阳线刻等多种技艺，代表着当时中国玉器文化的又一个巅峰。

早在1955年，考古人员在石家河城外东南方向的罗家柏岭遗址，发掘出一批玉器，玉器制作精美，其中包括一件"团凤"造型的玉器，被收藏在国家博物馆中，被誉为"中华第一凤"。

由于技术条件有限，考古学家们没有进行准确测年，复杂又细致的雕刻技艺、栩栩如生的造型，让当时的考古学者们误以为这件玉凤应当属于西周时期。后来，随着石家河遗址考古的持续进行，这件玉凤的年代被修正——距今约4000年。

更令考古学家震撼和惊叹的是2015年在石家河古城中心区域的谭家岭遗址，意外发现了9座瓮棺葬，出土了240余件随葬玉器，玉器造型丰富、制作精美，展示出高超的技艺。

在天门博物馆中，作者看到，陈列在这里的在谭家岭遗址所发现的玉鹰、玉虎、玉蝉、玉璧、玉环、玉璜、玉珮等，体量较小，但玉质很好，器型非常精致，使用圆雕、透雕、浅浮雕、减地阳线刻等多种技艺，代表着当时中国玉器文化的又一个巅峰。更为重要的是还发现了玉人头像，这是当时代表着最高等级的玉器，填补了过去在玉敛葬等级划分上的缺环。

"石家河遗址所发现的玉器绝大部分都是本地铸造的，全部来自第三个阶段，也就是肖家屋脊文化时期（后石家河文化时期），这是石家河文化的突变与衰落期，石家河文化面貌发生了很重大的变化，例如出现了大量的此前未见过的来自中原地区的瓮棺葬，而曾经这座庞大的石家河城也已经不再使用，但这些玉器的出现，说明当时依然存在着发达的手工技艺。"方勤说。

而从这些玉器中，能够看出石家河与其他地区文化的鲜活的交流和影响。

"在同时代的陕西石峁、山西陶寺，都发现过来自石家河文化的玉器，同时石家河也受到对方的影响。"方勤说。

例如在石峁，发现了来自石家河的鹰笄和虎头，而在石家河则发现了石峁较为典型的牙璋。此外，石家河与山东龙山文化，也发现了相似的玉笄，它们之间应该也是存在交流。方勤介绍，还有石家河所发现的玉璧、玉龙等，应该也是受到了来自长江下游的浙江良渚、中原地区等的影响，尤其是受到中原地区的强烈影响。

在后石家河时期，石家河文化面貌为何会发生如此大的

玉虎头像

虎头形冠饰

玉虎

玉牌　　　　　玉璧

透雕凤鸟兽面形牌饰

变化，并且在之后突然消失？方勤说，这或许可以联系文献来寻找答案。

在历史文献中，汉江古民族被称为"苗"，在史料中也有着"禹伐三苗"的记载，从时间上来看，也正好可以与石家河文化面貌发生重大变化契合，因此有不少学者认为，后石家河文化时期文化面貌出现突变，正是三苗被大禹所征服的结果，后石家河文化，甚至可以被视为江汉夏代文化。

在方勤看来，不论是文献中"禹伐三苗"的武力征服，或者以德服人、和平谈判，甚至只是交流活动能力的增强，"不管如何，可以看出，在这个时期，石家河在逐步融入中原文明的怀抱"。

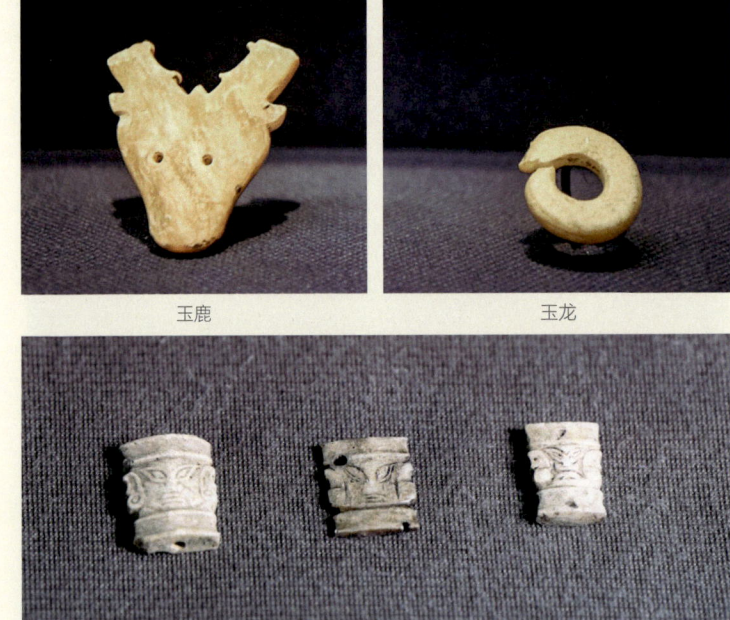

玉鹿　　　　　　　玉龙

玉人头像

从"撞脸"的神人头像，看文化跨越时空的交流

在石家河遗址出土的400余件精美绝伦的玉器中，谭家岭2015年出土的神秘玉人头像颇受关注。头戴平顶冠，眼目凸出、阔嘴且含獠牙、鹰钩鼻，还有两边耳朵和耳垂上都有耳洞，这与三星堆出土的青铜人像颇为相似。

在时任湖北省博物馆馆长、湖北省文物考古研究所所长方勤看来，石家河所出土的这件神秘玉人头像，代表着一种对于神权人物或者巫师形象的想象。"在石家河，还出土了另外一种风格的玉人头像，其形象与真实的人物非常类似。"

方勤介绍，这枚神人玉人头像五官都十分夸张，凸出的大眼，或许代表着千里眼，大耳代表顺风耳，阔嘴和高隆的鼻子，也代表着更为发达的感官，整体呈现威严的形象。而石家河所设定的这样一种神权的形象，在后来被继承，比如三星堆文化。"三星堆铸造的人像，所使用的是青铜器，从材质上来说，青铜可以比玉器做得更加夸张。"

尽管石家河与三星堆，时间上相隔千年，空间上相隔千里，但在方勤看来，文化跨越地理和时空的交流，或许远比我们所想象的更为频繁。

石家河出土的玉人头像

作者 吴梦琳 成博 王国平

摄影 吴枫

盘龙城遗址

PAN LONG CHENG YIZHI

2021年，入选『百年百大考古发现』。

遗址名片

地理位置：湖北省武汉市黄陂区

所处时代：距今 3500—3200 年

遗址面积：约 22 万平方米

商代青铜文明的"十字路口"

2021年,伴随着三星堆祭祀区新一轮考古成果陆续公布,"盘龙城"三个字也在直播连线与专家解读中频频出现。作为一座距今3500年左右的遗址,盘龙城被视为商代早期在长江流域的一座重要城市。考古学家普遍相信,以盘龙城为中心,来自中原的青铜文明在长江流域四散开去,其中一条就沿着长江水道逆流而上,影响到以三星堆为代表的巴蜀大地。

盘龙城在哪里?盘龙城是怎么被发现的?盘龙城在历史上的地位如何?它又与三星堆之间存在着怎样千丝万缕的联系?

盘龙城遗址

三面环水的商代古城

当时学界的主流观点还是认为黄河流域是中华民族文化的摇篮，但是在黄河流域以外的地方，在长江流域发现了这样一座遗址，在学界还是引起了很大的轰动。今天我们讲黄河流域和长江流域是中华民族文化的摇篮，这种观念的转变其实是从发现盘龙城之后开始的。

——张昌平

盘龙城国家考古遗址公园位于湖北省武汉市黄陂区的盘龙湖半岛上。这是一处三面环水的平地，结合江城夏季暴雨洪涝多发的气象特征，这是一片容易被水淹没的区域。对于考古和遗址保护来讲，这不是一个好的自然条件。但是，也正是因为一场特大洪水，让盘龙城得以从千年的沉睡中苏醒。

在盘龙城遗址博物院中，一个专门的展厅被用来介绍盘龙城的发现过程。盘龙城遗址博物院宣传策划部副主任宋若虹告诉作者，1954年夏天，长江流域发生了特大洪水灾害,当时为了加固长江大堤,抗洪人员来到周边地势相对较高的盘龙湖半岛取土,"在取土的过程中,大家发现这些土里有碎陶片",宋若虹说,这个小小的发现成为盘龙城考古的开端。

2021年8月辞世的蓝蔚是盘龙城遗址最早的发现者。1954年,在武汉从事文物保护工作的蓝蔚,在听说盘龙城发现陶片的消息后,立马从武汉市区骑了4个小时的自行车赶来盘龙城。在此之前,蓝蔚参加了文化部与中国科学院考古研究所、北京大学联合举办的考古工作人员训练班,"历史的巧合之处在于,蓝蔚在训练班中所学到的,正是商代二里岗时期青铜器、陶器等文物知识,正好在盘龙城调查工作中得到应用"。宋若虹说,考古工作开始后,蓝蔚和同事在盘龙城进行踏勘和测绘,而此前接触到的郑州二里岗遗址出土的文物知识不断地在眼前的发掘中复现。

就在盘龙城遗址被发现之前不久,考古学者在位于郑州老城东南的二里岗遗址发现了一种新遗存,并认为这是一种介于二里头夏文化和殷墟晚商文化之间的青铜时代早期文化。多年主持盘龙城考古发掘工作的武汉大学历史学院考古系教授张昌平表示,"考古学家对盘龙城的发现过程,基本是一个在认识

盘龙城遗址博物院内景

上逐步靠近郑州二里岗文化的过程"。二里岗为盘龙城提供了时间脉络上的参照，而盘龙城则向后人证实了二里岗文化在空间上的影响范围。

1955年，蓝蔚在《文物参考资料》上发表了有关盘龙城遗址发现的报道。这篇报道在当时并没有引起太多的关注，但就是这篇报道所介绍的内容，却预示了一个有关武汉"城市之根"的重大发现。其后又经过20世纪70年代的两次发掘，学界基本认定盘龙城是一个有城墙、宫殿、规则墓葬的政治中心。"当时学界的主流观点还是认为黄河流域是中华民族文化的摇篮，但是在黄河流域以外的地方，在长江流域发现了这样一座遗址，在学界还是引起了很大的轰动，"张昌平表示，"今天我们讲黄河流域和长江流域是中华民族文化的摇篮，这种观念的转变其实是从发现盘龙城之后开始的。"

武汉"城市之根"

> 从目前的考古发现看，在商代早期，盘龙城是商朝在长江流域最大的都邑，出土的青铜器从技术到形制与中原王朝的青铜器具有高度一致性，这说明盘龙城与中原王朝具有密切的关系。
>
> ——张昌平

"发现盘龙城，把武汉的建城历史向前推了1500年左右，"宋若虹告诉作者，"在发现盘龙城之前，依据信使记载，武汉建城可以追溯到东汉三国时期。盘龙城作为一座商代早期城市被发现，也使它成为武汉的'城市之根'。"

张昌平认为，理解这个问题，首先是要从地方与中央的互动关系来看。"从目前的考古发现看，在商代早期，盘龙城是商朝在长江流域最大的都邑，出土的青铜器从技术到形制与中原王朝的青铜器具有高度一致性,这说明盘龙城与中原王朝具有密切的关系。"

张昌平表示,商代的盘龙城和今天的盘龙城其实是可以串联起来的。从地位和作用上看,武汉是我国中南地区的一座重要城市,而商代的盘龙城,同样承担着整合南方资源、服务中原王朝的使命。另一方面,盘龙城的发现,让今天的人们第一次认识到北方势力的南下,以此控制南方并服务于北方的政治中心。"我认为它开创了中国古代一种新的政治模式,即中原王朝到南方的长江流域,控制长江流域的南方,形成大城市,然后为中原提供政治、经济支持的模式。"

武汉因地处中国版图的中心而享有"九省通衢"的美誉。而在商代早期,盘龙城事实上也发挥着为位于郑州的商代统治者连通南方广大区域的作用。宋若虹表示:"这里在郑州的正

铜斝

铜樽　　　　　　　　　　　兽面纹十字孔青铜樽

南方,再往南是宁乡、新干,东北方是台家寺,往西则是三星堆。可能在商代早期的区域交流中,盘龙城的交通便捷性就已经为商人所重视。"

走进作为武汉"城市之根"的盘龙城遗址,对于一个步行参观者来讲,最直观的体验是各个遗址点之间距离较远。由于盘龙湖水面切割,各个嘴子被分割得很碎,游客不得不沿着盘龙湖绕行参观,从杨家嘴步行到童家嘴需要1个小时左右的时间。

盘龙城难道是一座靠水路联系的城市?商代早期的人们在这里撑船连通吗?张昌平从地质变迁的角度对这种猜测给出了否定答案。"随着发掘的深入,我们发现盘龙城遗址如今湖汊纵横的地貌其实是近代城市形成过程中,对水系的改造造成的。"张昌平说,考古人员通过水下考古,找到了商代的文化堆积,进而判断当年的盘龙城人的生活高度其实比现代人的高度低5米到7米,"我们现在比较高的水位在27米以上,而那时候盘龙城的水位最高不超过17.5米,差别比较大的时候是要超过10米。"因此,对于3500年前生活在盘龙城的人们而言,步行到达城内各处要比今天的游客方便得多。

一座可以独立铸造青铜器的南方大城

> 盘龙城是受中原文化的影响发展起来的。我们从盘龙城的城墙营造技术、宫殿建筑手法、埋葬风俗、青铜工艺特征、制玉工艺等方面,都能看到与二里岗文化的高度相似性。
>
> ——张昌平

在盘龙城兴起之前,江汉平原上其实存在着多中心的古老文明,它们相互独立、各自发展,其中比较有代表性的就是主体年代距今5900年至3800年石家河文化。考古证据显示,石家河文化的发达程度与同时期的中原文化相比不相上下,但是石家河文化却在公元前2000年之前衰亡,其居民神奇地消失

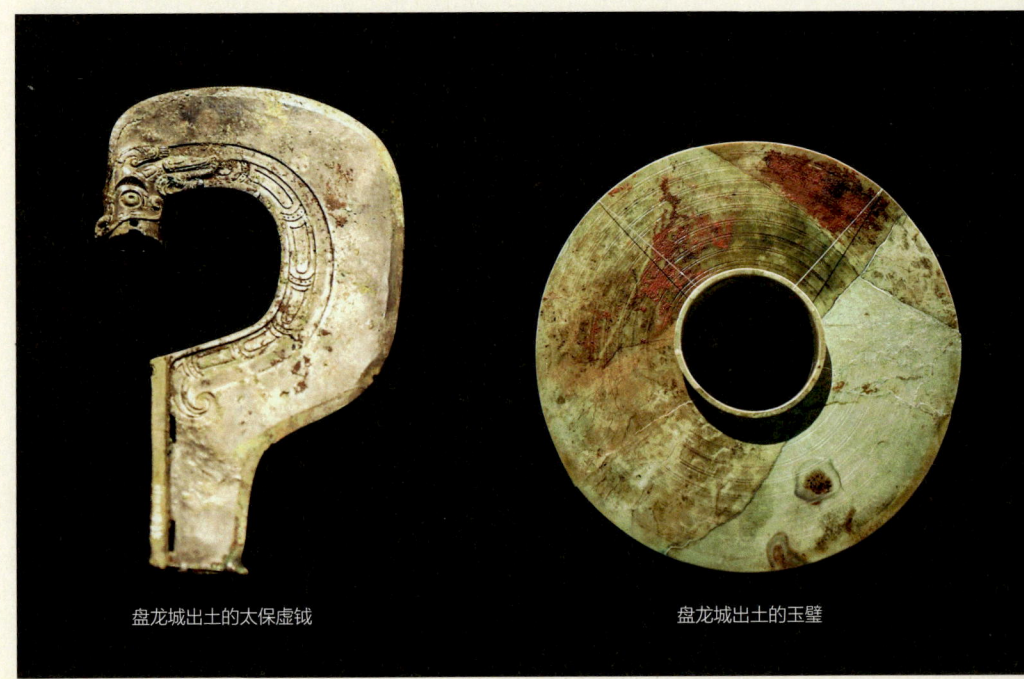

盘龙城出土的太保虚钺　　　　　　盘龙城出土的玉璧

了。石家河文化消失后的一二百年时间里,盘龙城逐渐在江汉平原上发展起来。

盘龙城国家考古遗址公园已发掘超过2万平方米,发现了城垣、宫殿、贵族墓葬群等遗迹,并出土了大量精美的青铜器、玉器、陶器等,是目前长江流域已知布局最清楚、遗迹最丰富的一处商代早期城址。那么,在商代,盘龙城究竟是一座方国都城,还是商王朝在长江流域的重镇呢?

"盘龙城是受中原文化的影响发展起来的。我们从盘龙城的城墙营造技术、宫殿建筑手法、埋葬风俗、青铜工艺特征、制玉工艺等方面,都能看到与二里岗文化的高度相似性。"张昌平表示,"假如盘龙城是方国,那么在它的发展过程中的相对独立性可能会强一些。但从盘龙城的考古成果来看,我们没有看到这种相对独立性。如果没有民族文化的同一渊源和政治上的统一联系,这样的一致性恐怕是难以形成的。"

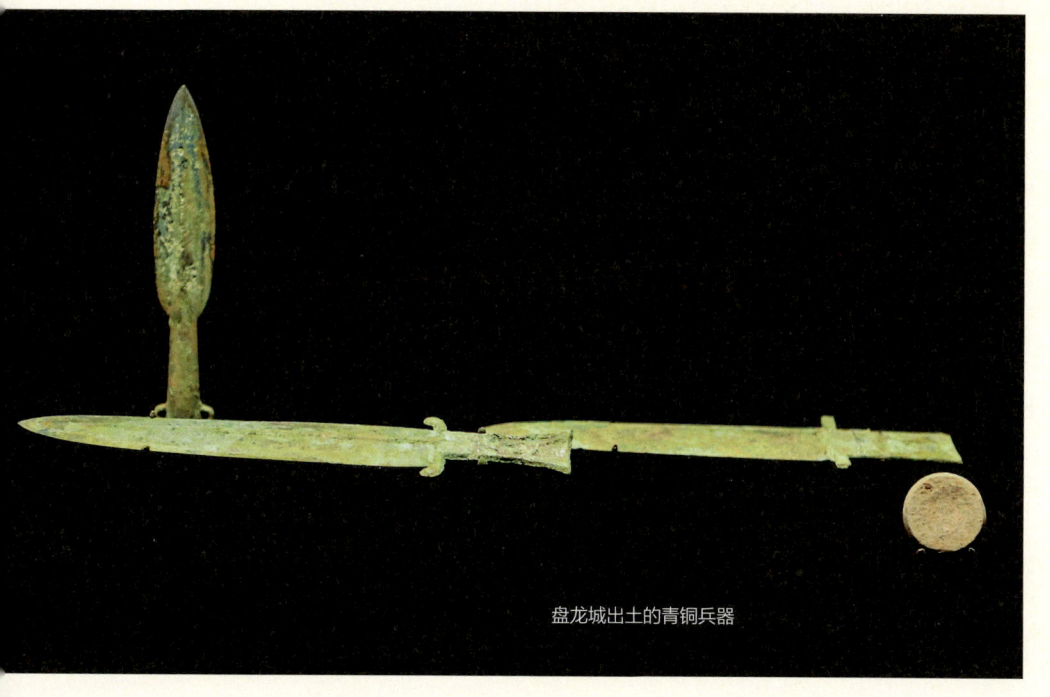

盘龙城出土的青铜兵器

这种一致性首先从盘龙城1、2号宫殿的朝向上得到了验证。盘龙城的宫殿无论位置还是方向都偏向东北，遗址区发现的大量商代墓葬也是东北朝向。"这就和商人重视东北方位的习惯形成了呼应。"张昌平说。

另一方面，盘龙城墓葬考古中，考古人员发现了腰坑和碎器葬的存在。什么是腰坑？张昌平解释称："腰坑就是一座墓葬中，在墓主人的腰部以下再挖一个小坑，用来埋葬一只狗或者其他动物，这是商人特有的一种葬制。"而将陪葬品砸碎后随墓主人一起埋葬的碎器葬习俗同样是商人的典型葬俗。还有一个证明盘龙城与中原文化同根同源的证据，这就是来自盘龙城出土的青铜器。在长江流域的古文明遗址中，出土的青铜器中比较常见的是尊和罍，但在盘龙城，却出土了很多觚、爵、斝的礼器组合，若等级更高，还有两套觚、爵、斝，这也是与商所代表的中原习惯相吻合的地方。

据统计，盘龙城遗址共出土文物3000余件，其中仅青铜器就有500余件。而在这些青铜器中，又有近三分之一是铜刀、铜戈等青铜兵器。这些青铜兵器中，别具一格的是一张铜面具，不同于三星堆造型夸张的青铜面具，盘龙城出土的这件青铜面具是一件地地道道的战争用品，"打仗的时候，将士们将它戴在脸上，可以起到保护面部的作用"。

如此之多的青铜器出土，且这些青铜器在器类、器型、纹饰、铸造工艺上都和中原的郑州商城非常相似，这些青铜器是从哪里来的？长期以来，学界都存在盘龙城青铜器是从中原运来与就地铸造两种说法。而最新的考古成果为盘龙城就地铸造青铜器的说法提供了事实支撑。据张昌平介绍，近年来，考古人员在盘龙城小嘴遗址进行考古发掘时，发现这一带有大量的铜渣，并且还发现了含有铜渣的灰烬沟。此后，考古人员又在小嘴遗址发现了石板构成的操作台，以及铸造青铜器时所必需的陶范、石范。"通过便携式的荧光仪，我们发现小嘴遗址一带铜的含

盘龙城出土的铜面具

量远远高于其他地区数十倍。"结合这些最新的考古成果,张昌平认为,在商代早期,作为商王朝在长江流域的重镇,盘龙城已经完全具备了铸造青铜器的能力。

一座可以独立铸造青铜器的南方大城、一座将青铜文明沿着长江流域四处传播的商代重镇,盘龙城作为商代早期沟通南方的重要城市持续繁荣了大约300年。此后,随着商王朝中晚期在地缘上的逐渐收缩,地处南部边陲的重镇盘龙城开始没落。但是与此同时,今天的考古发现却告诉我们,殷商时期,青铜文明在长江流域的很多地方开始显露,这或许是曾经盛极一时的盘龙城留给南方的深远影响。

从中原到古蜀，
纹样上的文明交流密码

2021年以来，三星堆最新考古成果持续上新，围绕这些新出土的文物，考古学界对三星堆文明有了哪些新认识？

主持湖北武汉盘龙城遗址考古的武汉大学历史学院考古系教授张昌平表示，经过多年研究，目前考古界已经能够比较清楚地了解三星堆的文化内涵。"人像、面具、神树这些器物类别代表了本土的独特创造；牙璋主要来自夏商文化；尊、罍等青铜容器，在文化面貌上是中原文化的东西，但是新器型的创意可能来自长江中下游。"

张昌平表示，这次祭祀区的发掘，再度发现了这些文化交流的有意思之处。"比如中原文化的云纹，在这里放大作为了三星堆的符号。而包括盘龙城在内的长江中下游遗址出土的青铜器中，它们的肩部会有连体小鸟、兽头，从三星堆3号坑发现的几件文物上我们也能看到这种特点。"

将三星堆出土文物放之整个长江流域乃至更广的范围内来对比，会发现三星堆出土了有鲜明中原文化印记的器物。"虽然它与中原千里之遥，但有了社会价值的认同，就会突破空间距离与阻隔。这种认同感不仅体现在巴蜀地区，在中原文化以外的地区都有不同体现。这种认同感，便是日后秦统一中国的非常重要的文化基础。"张昌平表示。

作者　成博　吴梦琳　王国平
摄影　吴枫

凌家滩遗址

LINGJIA TAN YIZHI

1987年以来,凌家滩先后14次考古发掘,总发掘面积约7000平方米。

1998年,凌家滩考古发掘入选了「全国十大考古新发现」。

2001年被公布为第五批国保单位。

2013年被确定为国家考古遗址公园立项单位。

2021年,凌家滩遗址入选中国「百年百大考古发现」。

凌家滩与红山文化、良渚文化并列为中国史前三大玉文化。

遗址名片

地理位置:安徽省马鞍山市含山县

所处时代:距今5800—5300年

遗址面积:总面积约160万平方米

中国史前第一个玉文化高峰在这里诞生

2022 年,北京冬奥会与冬残奥会奖牌正式发布,由圆环加圆心构成牌体,其中,奖牌背面的图案设计,把凌家滩遗址出土的双连璧元素融入其中。

位于安徽省马鞍山含山县境内凌家滩遗址,距今 5800 年至 5300 年,是长江下游巢湖流域的一处超大型史前聚落。1985 年,当地村民因葬坟偶然挖到了埋藏在地里的玉器等文物,揭开了这个大型聚落遗址的冰山一角。当地文化部门迅速介入,向省文物考古研究所报告,省文物考古研究所随即派员调查进行考古试掘,30 多年来丰富的考古成果,不断冲击着学界对于这一未被记载于文献中的地域文化的认识。

张敬国

安徽省文物考古研究所研究员

玉人、玉鹰、玉版、玉龟……出土千余件制作精美的玉器，让凌家滩与红山文化、良渚文化并列为中国史前三大玉文化，其中凌家滩年代最早，也堪称迄今所发现的中国史前第一个玉文化高峰。

揭开中国文明史的"冰山一角"

这样一些前所未见的精美玉器显示，在远古时期，凌家滩先民的制玉技术已经达到顶峰水平，并且代表着极强的艺术审美能力和创造能力。

如同许多遗址被发现的经历一样，当地农民一锄头下去，犹如打开了通往来自几千年前的凌家滩文化的"神秘之门"。

1987年，如今已退休的安徽省文物考古研究所研究员张敬国，彼时还是一位正值华茂的考古队员，作为领队，带着其他几名考古队员一起开始凌家滩遗址第一次考古发掘。从此，张敬国的工作和研究一直与凌家滩紧密联系在了一起。

"当时，我们就在村民发现玉器的地方，开了几个探方，开始进行考古发掘。"张敬国告诉作者，不负期待，这里就是一处豪华墓葬，发现了不少随葬的玉器和石器。随后，考古人员又在这座墓葬旁边，发现了另外两座墓葬，但与第一座墓葬相比，显得十分"简陋"，仅仅只有几件随葬玉器。但这些非常重要，揭开中国文明史"冰山一角"。

正当考古人员兴奋之时，第四座墓葬又带来了惊喜——这一座墓葬，出土器物比第一座墓葬还要丰富，最为独特的，是发现了一套玉龟和玉版。

在古代，龟一般作为占卜使用。凌家滩所出土的玉龟分背甲和腹甲两部分，出土时，还有一块精美的玉版夹在这两片腹甲中间。两片玉龟甲上均有钻孔，近似于长方形玉版上四周也

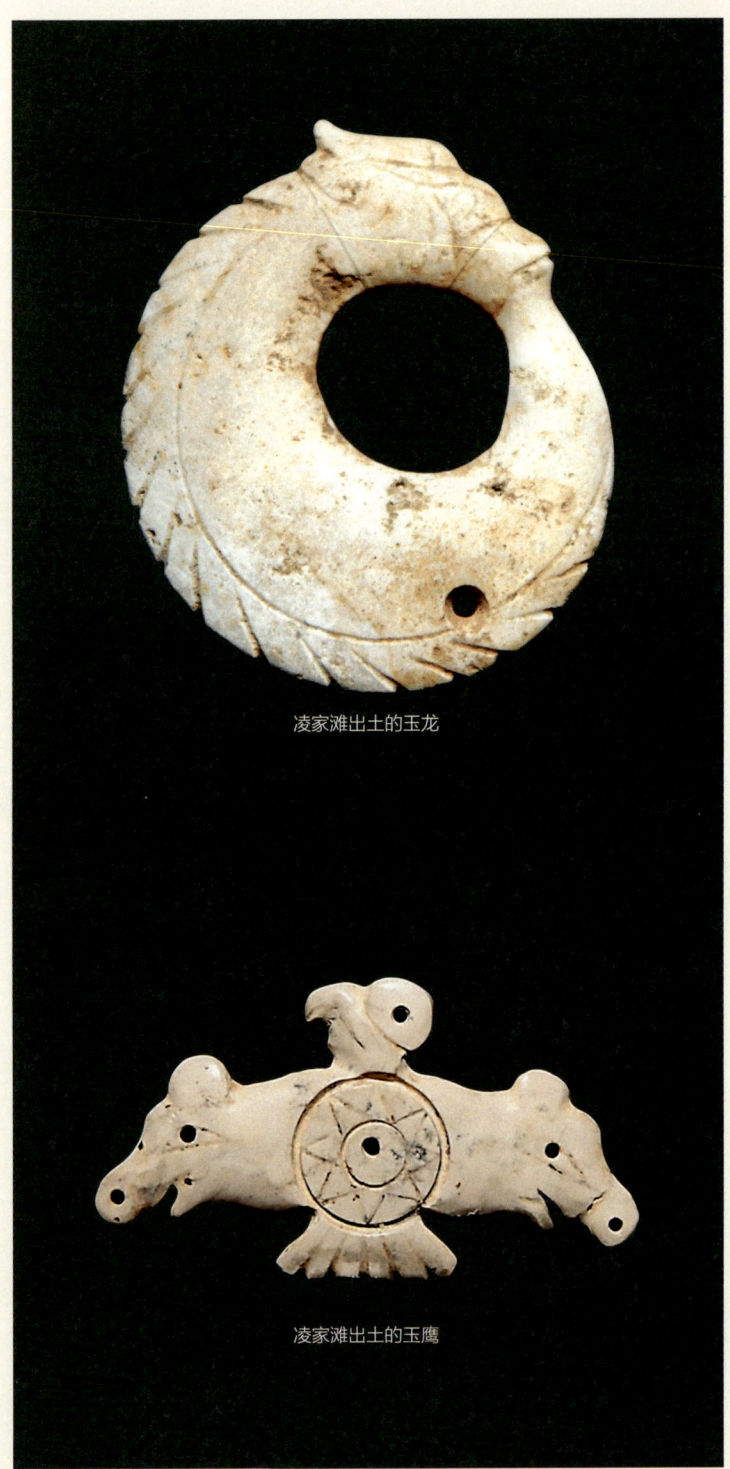

凌家滩出土的玉龙

凌家滩出土的玉鹰

有钻孔,并且绘有一个神奇的图案——中间是一个小圆,圆圈被一个八角星填满。八角星的八个方向通过直线箭头向外延伸,分别指向一个大圆,将大圆分为八等份。而在大圆外,又有四个箭头,指向玉版的四角。

这样一套组合,究竟是作何用,学界一直有多种说法,有的认为其跟方位和数理有关,有的认为跟观象或方术有关。在张敬国看来,这样一套组合,类似于原始的八卦图,并不仅仅具有占卜的内涵,还代表着凌家滩人的宇宙观,已经有了观测天文、研究"时空"的思想。

八角星符号,还出现在1998年凌家滩墓葬区发现的一件玉鹰上。

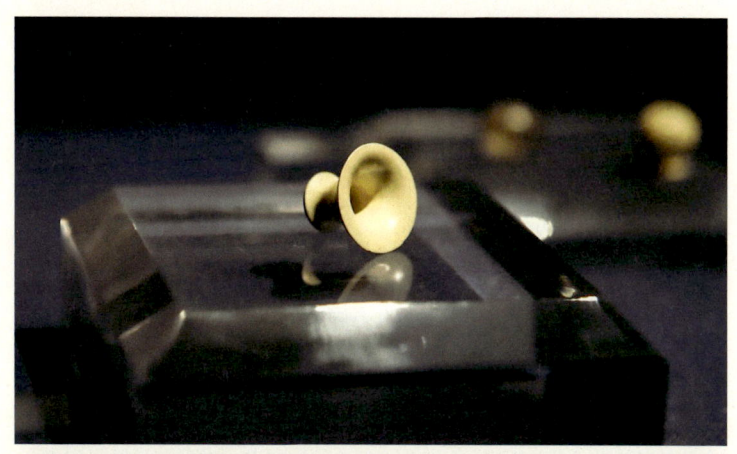

凌家滩出土的玉器

玉鹰张开双翅，头部偏向一侧，整体姿势矫健，似乎正在直奔长空。特别的是，玉鹰的双翅末端，却被刻画成了猪头的形象。"在当时，猪是财富的象征。这件玉器，表示鹰带着猪祭献给太阳，乞求风调雨顺，代表着凌家滩人对于太阳的崇拜。"张敬国说，这样的太阳崇拜，在许多文化中都可见，包括三星堆。

每一次的发掘，似乎总有前所未见的惊喜带给考古队员。

2007年，考古队员在墓葬区发现的第23号墓，是凌家滩墓葬中面积最大、随葬品最丰富豪华的一座。在安徽博物院展厅中，复原展示了这一座"王者之墓"出土现场——大量玉石器有序摆放，层层叠叠铺满墓中。

安徽博物院展陈设计部管丹平介绍，墓穴最长处为3.6米，最宽处为2.1米，随葬了200余件玉器、90余件石器、近30件陶器。玉石器包括钺、环、镯、璜、璧、凿等多种多样，在墓中密集排列，局部叠压最多的地方达到6层。"在腰部还有3件玉龟形器十分特别，在墓坑填土之上，还放着一件体形巨大的重达88公斤的玉猪，应为'镇墓'使用，也是目前中国所发现的最大的玉猪。"

这件玉猪，造型生动，嘴部雕刻明显，在嘴的两侧还刻有向上弯曲的一对长獠牙。

在凌家滩出土随葬玉器中，最为著名的，还有6件玉人。3件为站姿、3件为坐姿，采用写实的雕刻风格，6个玉人的双手均上举于胸前，放在脸部下方。

这样一些前所未见的精美玉器显示，在远古时期，凌家滩先民的制玉技术已经达到顶峰水平，并且代表着极强的艺术审美能力和创造能力。在一件玉人身上，有着一个直径仅0.15毫米的钻孔，仅能穿过两三根头发丝，在五千多年前究竟采用何种技术制成，至今仍未能完全破解。

凌家滩出土的玉猪

凌家滩出土的玉器

凌家滩出土的玉人

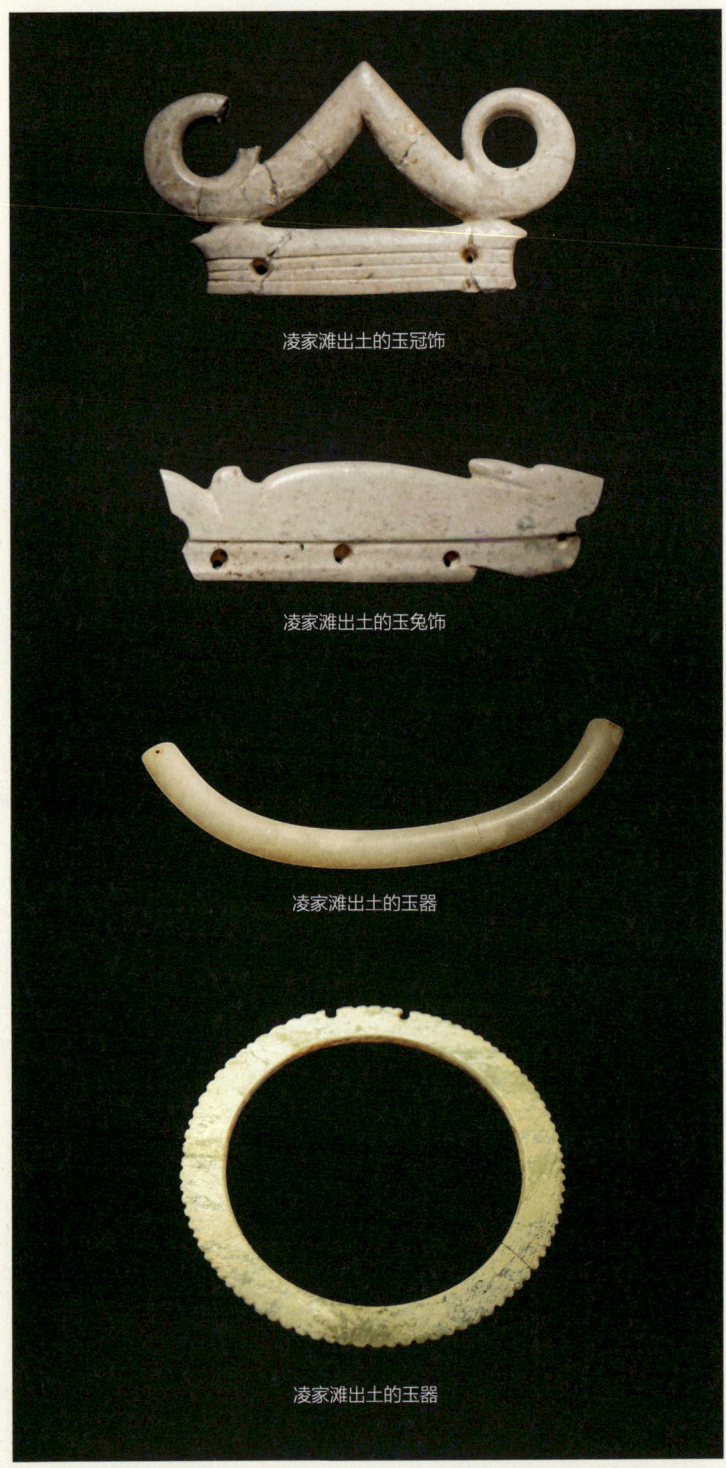

凌家滩绝不仅仅是墓葬

> 从壕沟、祭坛等大型建筑看来,凌家滩人已经掌握了修建大型公共设施的能力,反映出有组织性的社会调度能力。
>
> ——张敬国

1998 年,凌家滩遗址继续在墓葬发现区域开展了第三次考古发掘。最为重要的成果之一,包括在墓葬区的中部,发现一处人工建造的祭坛的遗迹,也是在这一年,凌家滩考古发掘入选了"全国十大考古新发现"。

"这个祭坛,为三层式建筑,最底层为自然黄土累积,往上第二层则铺垫石块,最上面的一层则类似于现在的三合土,由石块、黏土等混合夯成。"张敬国说,祭坛总面积达到 1200 平方米,修筑如今复杂的建筑结构,也体现出修建祭坛的先民的先进的思想,其建筑技术远超过红山和良渚文化的祭坛。

发现如此精美丰富的随葬器物以及人工祭坛,在考古学家看来,凌家滩绝不仅仅只有墓葬,更可能是一处未被文献记载的先进的史前聚落。

"从发现的 70 多座墓葬中,也明显看出,在当时已经出现了明显的社会阶层分化。"张敬国说,有身份显赫的贵族,陪葬器物十分丰富,玉石器占比达到 70% 以上;有工匠阶层,陪葬器物则主要为加工制作玉石器的一些工具,以及一些玉料的边角料;还有平民阶层,陪葬器物则更为简单,几乎没有玉器,只有一些作为生活用具的陶器。

这些墓地主人们生前生活在哪里,成为当时凌家滩遗址考古的一大重点。

在凌家滩墓葬以南,裕溪河静静流淌。经过多年大范围的

凌家滩出土的陶器

凌家滩出土的石器

调查、勘探和发掘工作，2013年凌家滩遗址开始了又一次的考古发掘，准确找到了凌家滩先民的居住区——位于墓葬区以南、裕溪河以北的区域，在这里还发现了大型红烧土块遗迹。

同时，通过考古发掘，一条起于裕溪河、止于裕溪河呈现为半圆形大型的人工修筑的壕沟遗迹也被发现。这条壕沟，总长度超过2000米，最宽的地方达到30多米，最深的地方达到

7米，不仅将墓葬区与居住区分离开来，还与裕溪河共同构成了一个水屏障，将居住区包围保护起来，只在居住区北处，留下一个通往墓葬区的出口。

而对于凌家滩先民来说，墓葬区虽然在居住区之外，但是将如此众多的精美器物放置于墓葬中，体现出一种祭祀崇拜，不可能放任墓葬区"自由来往"。果然，在墓葬区外围，考古人员发现了第二条大型壕沟，为墓葬区构筑起一道保护屏障。

随之进行的动植物考古发现了粳稻和籼稻，猪、鹿等动物骨骼，这揭示出当时的凌家滩先民已经掌握了水稻栽种技术和饲养技术，鹿等野生动物在此繁衍生息。同时，凌家滩出土的6件玉人，从其冠帽、装饰可以看出，在当时，古人已经掌握了纺织技术，张敬国先生，应该是纺织麻或丝。

衣、食、住、行——一系列丰富的考古成果，让凌家滩先民生活图景的渐渐鲜活起来。

"经过近年来考古发掘，凌家滩遗址的总面积超过220万平方米。"张敬国说，从壕沟、祭坛等大型建筑看来，他们已经掌握了修建大型公共设施的能力，反映出有组织性的社会调度能力。农业生产已达到很高程度，粮食已能满足当时人民生活社会需求。

来自5500年前的文明曙光

> 凌家滩所处的位置是东西南北碰撞的地方，从而诞生了这样一种伟大的顶天立地的文化。
>
> ——张敬国

据了解，在距今5500年，凌家滩遗址进入了鼎盛时期。数量丰富的出土玉器，彰显着凌家滩远古先民的神巫、图腾等崇拜。在张敬国看来，还体现着另外一种社会发展的进程——以玉为礼。

"凌家滩之前所发现的墓葬，以陶器为主要随葬品。"张敬国说，"但是从凌家滩开始，以玉器为主要随葬品，尤其是在显赫的贵族墓葬中，玉器的占比达到了 70% 以上，尤其是 87M4 号墓中，墓主人身上光是挂着的玉璜就有 30 多件"。玉器成为一种代表身份和地位的高等级礼制性器物，这样一种原创，反映了当时凌家滩的社会体系、社会文明已经进入一个新阶段，与以往社会形态发生了革命性的变革，进入了一个可以称之为"玉器文明"的时代。

退休后，张敬国虽然离开了考古发掘一线，却开始了另外一项重要的研究——寻找玉矿。他申请课题，历经 2 年，脚印遍布安徽省境内，在大别山区爬了 66 座山头，采集了许多矿石标本，经过检测，找到了凌家滩出土的大量玉器的矿料来源。"就在离凌家滩不远处，有着玉石矿藏，这些为凌家滩丰富的玉文化提供了基础来源。"

在张敬国看来，凌家滩是中国文明重要发源地，在距今至少 5500 年，就已发出了文明的曙光。

这样一个发达的文化，如何会在 5300 年前又突然消失？根据考古发掘，在凌家滩遗址地层中发现了洪水的痕迹。"我们推测，很有可能因为一场洪水，冲垮了凌家滩人赖以生存的家园，幸存下来的人们，沿着长江，一部分向上走，到了今天湖北一带，也有一部分人沿着长江向下走，到了今天的江浙一带。"张敬国说，在良渚所出土的玉器中，能够明显看到来自凌家滩的影响，包括玉璜、玉玦、玉镯、玉钺、玉环、玉璧和陶器等诸多相似的文化因素。

在多次发掘中，让张敬国记忆犹新的是玉龙的发现。凌家滩玉龙呈环形状，首尾相连，相较于红山文化出土的玉龙，凌家滩所发现的这条玉龙更薄，但在形象雕刻上更为丰富，能够明显看出龙鳞和龙角,充满着生命的活力。

"那天早上,我们上工的时候,有很厚的雾,过一会儿还下起了毛毛小雨,其他人说下雨了,要不要先回去,我说再坚持一下。"张敬国回忆,没过多久,听到旁边有人喊"出龙了",自己赶紧跑过去,一件栩栩如生的玉龙就静静地睡在泥土中。

"凌家滩发现了数量丰富的玉器,吸引了很多国内外的专家学者来看。"张敬国告诉作者,当看到玉器上仅有的 0.15 毫米需要用显微镜才能看清的钻孔,有国外学者感叹,这真是"天外来物"。"我说不是,这是中华文明的伟大创造。"

"凌家滩所处的位置是东西南北碰撞的地方,从而诞生了这样一种伟大的顶天立地的文化。"张敬国说,尽管洪水冲垮了凌家滩的物质基础,但凌家滩先民的精神文化和物质文明延续了下来,汇聚在中华文明长河之中,绵延至今。

玉人与青铜人的时空对视

北纬30度,这一条充满神奇感的纬线,它横穿四大文明地域,聚集了众多奇妙绝伦的文明之谜。地处长江上游的三星堆和地处长江中下游的凌家滩同样都处于这条神奇纬线上。

凌家滩遗址发现了大量集中于距今5500年至5300年的玉器,其中6件玉人,是中国最早的玉人像。三星堆祭祀坑为商代晚期,以出土了数量丰富、造型独特的青铜人像等而闻名。

尽管两地相隔千里,年代相隔2000年,当放在同一时空之下"连线",却能看到奇妙的相似之处。

凌家滩出土的玉人一共6件,分为两组,一组为站姿、一组为坐姿。6件玉人都是脸形棱角分明、表情严肃,头戴平冠,双手上举,五指张开,手臂上戴着手环,这是标准的蒙古人形象。

凌家滩出土的玉人"撞脸"三星堆青铜面具

安徽省文物考古研究所研究员张敬国先生介绍，这应该是当时凌家滩先民比较写实的形象，并且代表着具有一定神权的人物。在一件玉人背后，有着一个0.15毫米的钻孔，如今可以使用激光技术在玉器上钻孔，当时的凌家滩先民究竟采用何种工具制成这样的钻孔，依然是个未解之谜。

三星堆的人像，同样是宗教神权的象征，阔脸、肃穆，与凌家滩玉人也有着某种奇妙的相似。

在两地，还都出土了鸟形器物和树形器物。

凌家滩出土的玉鹰，展翅翱翔，但翅膀的两端，被刻画成猪头的形象。在考古学家看来，这件器物寓意着玉鹰带着当时作为社会财富的猪飞向天空祭献给太阳。同时，在凌家滩出土的一件玉器上，有着类似于树一样的形象，张敬国称为"神树"。

太阳崇拜，在古蜀文明中体现得更是彻底，并且古蜀人将鸟和树视为太阳崇拜的一种直接的"物象化"的表达。不论是三星堆遗址发现的青铜神树，还是金沙遗址出土的太阳神鸟，都体现着古蜀人对于太阳的崇拜和向往。在中国社会科学院考古研究所研究员、著名考古学者王仁湘看来，三星堆所出土的眼形器，包括三星堆青铜人像凸出的双眼，其实也是在表达着太阳的形象，体现着古蜀人的太阳崇拜。

"物质文明所反映的是精神文明，通过这些器物之间的相似能够看到，文化的传播与传承。"张敬国说。

作者　吴梦琳　成博　王国平
摄影　吴枫

良渚遗址

LIANG ZHU YIZHI

1961年,良渚遗址被列为浙江省级重点文物保护单位。
1996年,良渚遗址群被国务院公布为第四批全国重点文物保护单位。
1994年被国家文物局推荐列入中国《世界遗产名录》预备清单。
2019年,在阿塞拜疆首都巴库举行的第43届世界遗产大会上良渚古城遗址成功列入《世界文化遗产名录》。
2021年,良渚遗址被公布为『百年百大考古发现』之一。

遗址名片

地理位置:浙江省杭州市余杭区
所处时代:距今5300—4300年
遗址面积:总面积近300万平方米

方向明

浙江省文物考古研究所所长

俯瞰良渚古城遗址公园

良渚，实证中国五千年文明史

五千年前的中国是什么样？很长一段时间，由于缺乏实物资料，我们对五千年前中国的想象都存在于史书记载、神话传说。直到良渚遗址的发现，其宏伟的城池与大坝，才为今人想象五千年前的中国提供了可靠实证。

逝者如斯夫。当我们从良渚古城遗址公园中地势最高的莫角山宫殿区极目远眺，五千年前的中国，已经有河网纵横的巍巍大城，已经有平旷沃野上的十里稻香。隔着五千年的历史尘烟，良渚告诉我们，在距今5300

年至 4300 年的环太湖流域，一个崇尚玉器、种植水稻的古老王国已经饮了千年长江水。

良渚"成就"惊艳世界

> 良渚具备了早期国家的形态，从而成为中华五千年文明史的重要实证地，为中华五千多年文明史在国际社会树立了标识。
>
> ——方向明

良渚是如何被发现的？良渚考古始于 1936 年一个名叫施昕更的年轻人的考古发掘。基于数次发掘的成果，施昕更于 1938 年出版了《良渚——杭县第二区黑陶文化遗址初步报告》。此后历经数十年抢救性发掘，良渚遗址出土了大量灰黑陶、玉琮、玉璧、玉钺等玉器。1959 年，著名考古学家夏鼐将之命名为"良渚文化"，作为环太湖地区新石器时代晚期具有自身特色的文化体系，良渚得到了考古学界的普遍认可。

浙江省文物考古研究所所长方向明告诉作者："从中国各个地区的文化传统以及发现的遗址和出土的墓葬、玉器看，在良渚遗址被发现后的几十年里，我们普遍认为它可能处在文明的前夜，也就是国家产生之前的一种状态。"因此，20 世纪 80 年代中期以来，考古界一直用"文明曙光"来形容良渚。

曙光乍亮，已经是 21 世纪的事了。2006 年，考古人员发现了良渚古城。到 2007 年，良渚正式被确认是一个占地 3 平方公里的古城，复杂的水利系统、成熟的稻作生产、统一的文化信仰、分化的社会阶层等，使考古学家对良渚文化的社会复杂程度有了进一步的认识，至此，学界普遍认为良渚时期已经达到了成熟的古代国家形态。

与良渚发现差不多同时，我国还先后在山东、山西、湖北、

良渚文化分布范围

安徽等地发现了时间差不多的遗址点。但是,为什么唯有良渚遗址成为世界遗产?方向明告诉作者,一个重要原因在于:"良渚具备了早期国家的形态,从而成为中华五千年文明史的重要实证地,为中华五千多年文明史在国际社会树立了标识"。

实证五千年中华文明

> 良渚文化虽然没有金属,没有明确的文字,但是我们发现其大型的工程、社会等级以及生产力的发展,足以证明它的社会,绝不亚于古埃及以及印度河流域的文明程度。
>
> ——方向明

"在考古的概念里,文明实际上是指国家起源。良渚能够成为中华五千年文明的实证地,正是因为这里考古向我们展示出,在与古埃及差不多同一时期,在我们国家长江下游的良渚这个地方,已经有了成熟的国家形态。"方向明表示,良渚是中国新石器晚期非常重要、非常发达的考古学文化。

考古学上主要通过诸如城市的出现、文字的出现、金属的出现等指标来判断国家、文明的产生。"良渚文化虽然没有金属，没有明确的文字，但是我们发现其大型的工程、社会等级以及生产力的发展，足以证明它的社会，绝不亚于古埃及以及印度河流域的文明程度。"

2021年9月中旬，作者在良渚古城遗址公园看到，在良渚古城遗址原址上，公园向游客展示了良渚古城向心式三重结构——宫殿区、内城与外城。据良渚古城遗址公园工作人员介绍，良渚古城的城墙是利用自然地势堆筑而成的，底部铺垫石块，上部由取自山上的黄色黏土分层堆筑，"这种筑城墙的做法，目前在中国以及世界同时代的遗址中尚属罕见"。

考古证据显示，良渚古城内城一共有9座城门，当中包括了8座水城门和1座陆城门。如今，园区以特定的雕塑标示出

良渚古城遗址

良渚古城复原模型

城门的位置。唯一的陆城门位于南城墙中部,由东、中、西3座独立的台基和4座门道组成,参观者可以由陆城门步道进入内城,"专家们猜测,这座陆城门在良渚时代主要承担的是一种仪式性的功能"。

为了让游客对五千年前良渚古城内的地形地貌有更直观的感受,园区在进行景观打造时,专门在原先是水域的位置种植水稻,在原先是土台的位置种植狼尾巴草。行走在良渚古城遗址公园,9月的日光下稻香阵阵、白鹭成行,目之所及的草色天光,尽是良渚人生息千载的城邦。

而水稻恰好成为解释良渚国家形态的切入口。"长江文明是典型的稻作文明,它与旱作文明的显著区别就在于特别强调水干预、水管理。"方向明说,位于古城北部的一座大坝显示

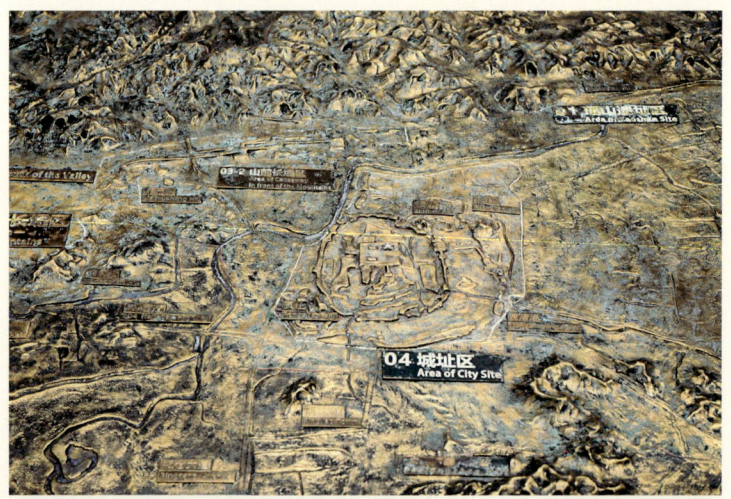
良渚复原分布图

良渚木构水井

了良渚人已经具备高度的组织能力,来完成这样一项浩大的工程。"为了防止北边山洪对古城的侵害,良渚人在修建古城之前,先动员人力修了一个长3.5千米、宽度十几米的巨型水坝,或叫水利工程。据水利专家研究,这个水坝除了具有防洪的功能外,因为有高坝、低坝,还能根据不同水位蓄水灌溉,满足古代良渚人管理水、干预水的生业经济需要。"

位于良渚古城中心的莫角山，是内城的中心。良渚人在这里堆筑起3个独立的土台，分别是大莫角山、小莫角山和乌龟山，在3个土台之间，还有面积达7万平方米的沙土广场。在这里发现的7个面积300平方米至900平方米的大型房屋类建筑遗迹，让人足以畅想当初矗立于此的王国宫殿的恢宏壮观，而在五千年前，这种以莫角山为中心的城市营建特征，体现了统治阶层"以中为尊，以高为崇"的政治理念，也是良渚已经发展出国家形态的明证。

玉器的"黄金时代"

其实当我们追寻着玉琮的形制变化轨迹一路看下来，我们同时也就看到了这些"满天星斗"一样的古文明之间远超我们想象的沟通与联系，也就看到中华文明多元一体的发展历程，是在这种密切的文明对话中一步步成为现实。

——方向明

中国是玉的国度，尚玉传统由来已久。良渚出土的文物中，最具代表性的就是玉器。而在所有良渚玉器中，又以玉琮最为独特，几乎成为人们说起良渚时首先想到的文物。

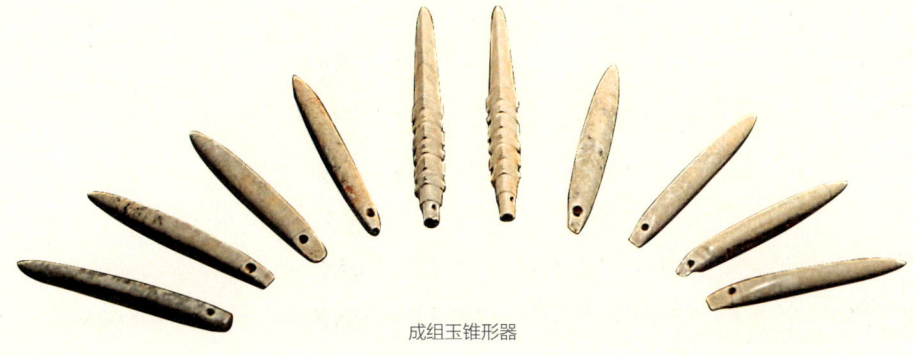

成组玉锥形器

目前公众所能见到的良渚玉器大多出土于良渚古城内、莫角山以西的反山贵族墓葬区。良渚的一个贵族墓里往往有上百件随葬品，尤其是有制作精良的玉琮、玉璧这样和宗教有关的玉器，和制作非常精致的武器——玉钺，甚至有的短柄钺上下还有玉质装饰。

方向明介绍，这些玉礼器在下葬时都按照一定的顺序与规则进行摆放，体现出良渚时期严格的礼仪制度，不同等级的墓葬中随葬的器物也有明显的不同。"良渚时代其实已经是一个阶级分化相当严重的社会，这是一个产生了权力、产生了王权的社会，所以我们认为，应该以这个为代表，在长江下游地区，距今5000年已经进入了古国文明的阶段。"

关于良渚玉琮，在后世的器型流变中，在很多人的印象里已经成为了一个内圆外方的器型，但在作为玉琮诞生地的良渚，这里出土的玉琮却并不是内圆外方的样式。"从俯视的角度看

良渚出土的玉镯

玉琮 良渚博物院藏

良渚玉琮，围绕中间射孔的四个边，其实都有弧度的凸边。另外，从正面看良渚玉琮，还会发现它们有一个上大下小的伸缩变化。"方向明表示。

另一个在良渚玉琮上得到独一无二体现的是玉琮上的装饰纹样。方向明介绍，这种在良渚玉器上十分常见的纹饰被学界命名为"神人兽面纹"，"这种上面是一个戴冠的神人，下边是一个兽面的纹样，在良渚的玉器中基本可以说是一个程式化的图案，只是在不同的器物上它的繁简程度存在差别，有的刻画得很细，有的或是把神人简化，或是把兽面简化，但都是有体现的"。这种神人兽面纹的形象，成为良渚时代留下来的一个显著的符号，也带给今天的人们关于良渚人观念、信仰的无限想象。

在良渚之后，玉琮的形象又陆续出现在山东龙山、河南八里岗、湖南庹家岗，以及四川的三星堆和金沙等地，但是此后

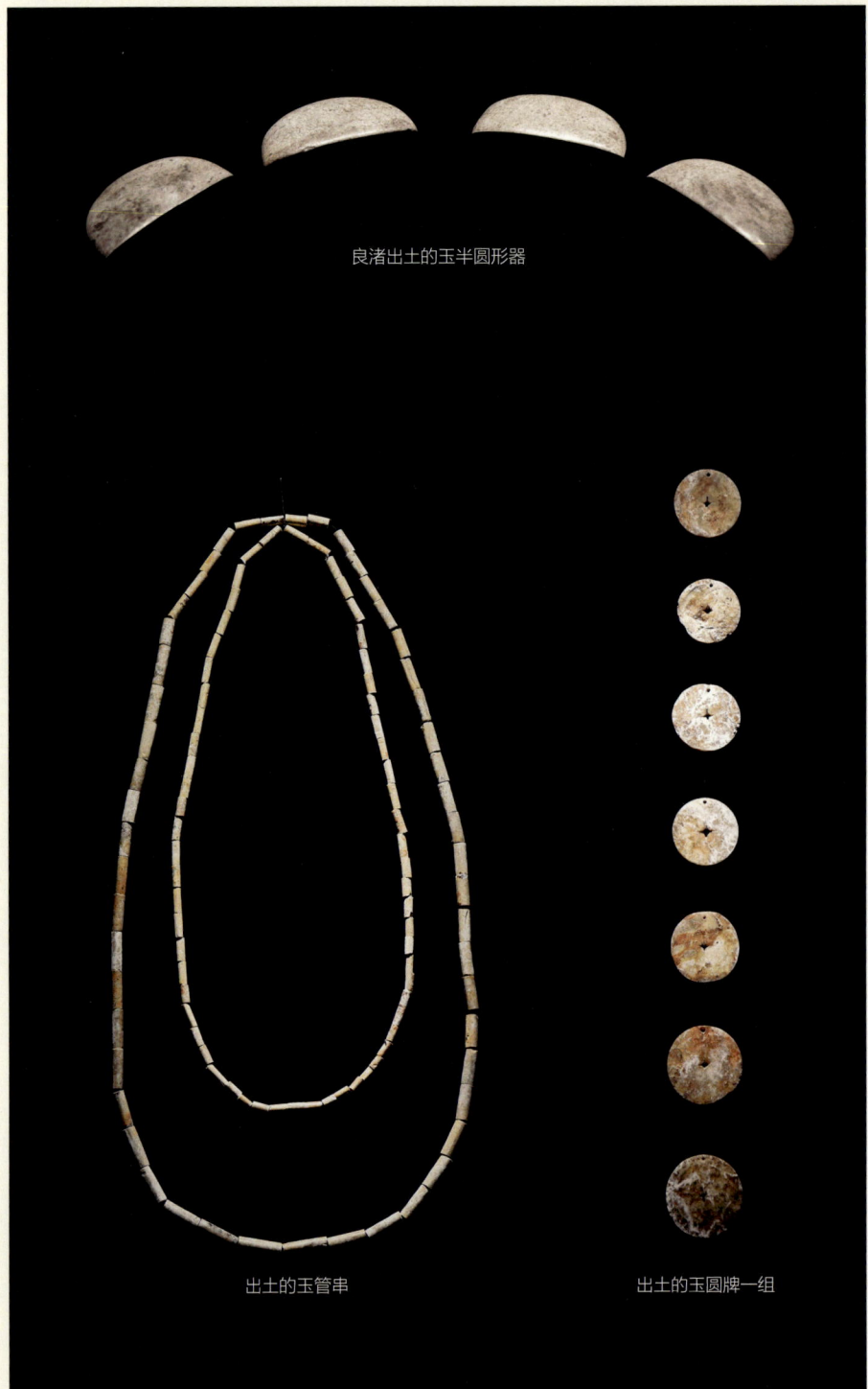

良渚出土的玉半圆形器

出土的玉管串　　　　　　　　出土的玉圆牌一组

良渚出土的玉璧

良渚出土的玉璧

的玉琮无论在俯视角度还是正视角度看,都与良渚时期的玉琮存在一定的区别。玉琮是如何从良渚向周边扩散的、玉琮的形态又是如何一步步发生流变的,"其实当我们追寻着玉琮的形制变化轨迹一路看下来,我们同时也就看到了这些'满天星斗'一样的古文明之间远超我们想象的沟通与联系,也就看到中华文明多元一体的发展历程,是在这种密切的文明对话中一步步成为现实"。

从良渚到三星堆、金沙，
玉琮的奇幻"漂流"

2021年三星堆新一轮考古成果发布后，一件刻有神树图案的玉琮引起了考古爱好者广泛的关注。而时间再往前推，在21世纪初备受关注的金沙遗址考古发掘中，同样有玉琮的出现。玉琮，是长江下游良渚遗址的代表性文物器型，它在金沙和三星堆的出现，为我们思考几千年前长江流域的文明交流提供了怎样的想象空间？

"三星堆和良渚的时空关系可以这样概括，空间关系上是'我住长江头，君住长江尾'，时间关系上是'君生我未生，我生君已老'。"时任四川省文物考古研究院三星堆研究所所长冉宏林表示。

那么，三星堆和良渚之间的关系，是不是真的只是"共饮一江水"这么简单呢？浙江省文物考古研究所所长方向明表示："玉琮这种器型产生于良渚，这是目前考古界基本的共识。因此，当我们透过玉琮来看三星堆与良渚的关系时，这种器型上的变化是一个非常有意思的过程。"

据方向明介绍，与人们印象中玉琮都内圆外方的固有印象不同，当我们从俯视的角度看良渚玉琮时，会发现这些出土于良渚当地的玉琮，在环绕中心圆形射孔的并不是方形。"自始至终，良渚玉琮环绕圆形射孔的都是四道有弧度的凸边。而从正面看，又有上大下小的外形特征。这些都和后来三星堆、金沙等地发现的内圆外方的玉琮是很不一样的。"

同时，良渚玉琮的表面存在分节，其中，反山12号墓出土的玉琮王更是达到了10节。玉琮表面，饰以极具良渚特色的神人兽面纹纹饰。方向明表示，神人兽面纹在良渚玉琮上基

玉琮 良渚博物院藏

本上是程式化的图案，虽然存在或繁或简的形态差别，但在所有的玉琮上都能看见这种纹饰。"而到了金沙，玉琮表面就只剩下几条简单的网格线了，三星堆更是出土了素面玉琮。"

这些形态上的变化表明，虽然时间上比良渚晚了一千多年，但良渚玉琮却在经历了数千里的山水行程和形状变化之后，到达了深处长江上游四川盆地内的三星堆和金沙。"金沙出土的弦纹琮在山东龙山、河南八里岗、湖南庹家岗均有出现，透过这样的路径，基本可以看到这种器型是如何从良渚最初的样式一点一点发生变化并传播扩散的。"方向明说，"同时，还有一类比较方正的琮，从目前考古来看，应该是最早出现在陶寺遗址，这些琮总体上以素面为主，偶尔刻两道或者分一个节，它们有的四面有弧凸，有的很方正，而方正后来成为了黄河中上游玉琮的主流。现在在金沙、三星堆发现这些玉琮，肯定也受到了这方面的影响。"

"神树"知道答案

神树，是三星堆文物中一个重要的形象，被认为用于人和神的沟通，体现出三星堆古蜀先民的宇宙观。

浙江省文物考古研究所所长方向明直言自己对三星堆出土的神树和神坛很感兴趣。他提出了自己的假设，"我认为，'神树'可能是破解三星堆文明，乃至以三星堆、良渚为代表的长江文明的钥匙或者答案"。在他看来，三星堆神树的器物和形象，为寻找良渚"神树"提供了重要参考。

四川省文物考古研究院三星堆研究所所长冉宏林介绍："在新一轮考古发掘中，我们从3号坑发掘出的神树残件，应该同2号坑的2号神树属于同一件。目前，大家到三星堆博物馆看到的2号神树是经过修复的，它原本只残留了底座这一部分，现在3号坑的这一部分神树残件，应该是紧接着底座往上的一部分。"

"我觉得良渚一定有神树，"方向明说，"从目前出土的良渚时期的陶器上，可以看到一些类似树一样的刻符，而良渚博物院馆藏的玉璧当中，也可以看到树和鸟的形象，这些树难道只是普通的树吗？"方向明给出了否定的答案。

之所以如此在意三星堆的神树与神坛，方向明解释称，是因为通过神树与神坛，可以看到很多的场景与意向。"三星堆的神坛是分层的，每一层都有不同的场景，事实上是把当时的很多东西都包含进去了。神树也一样，它有基座、有支柱，然后上面还有神鸟，有花蕾，有凸领的金属环，甚至可能神树上还要停鸟人。"如此丰富的场景与意向，使方向明想到了如今考古学家门无法解答的古人的信仰问题，"我们穷尽史料也无法解决长江流域古文明的信仰问题，但有没有可能，三星堆用具象的神树与神坛向我们再现了出来？"

由神树、神坛与长江流域古文明的信仰问题,冉宏林进而谈到了他对这些灿烂的古老文明的看法。"三星堆出土的众多器物,都展现了我国灿烂辉煌的古代文明,也是中国统一多民族国家的早期融合的实证。"冉宏林说,不论是顶尊跪坐人像,还是龙形青铜器,还有神树纹玉琮,都体现了古蜀文明与中华文明的关系——古蜀文明是多元一体的中华文明的重要组成部分。

对此,方向明补充道:"当我们把视野时空放得更大,在中华古代文明版图上,不同地区的先民们其实有着相同的思想观念,但也许由于各地不同的生业经济,先民们通过不同的载体来体现同样的一种观念。"

作者 成博 吴梦琳 王国平

摄影 吴枫

源远流长，五千年画卷波澜壮阔

> 丰富的考古材料，已实证了中国 100 万年人类史、1 万年文化史，以及 5000 多年文明史……
>
> 中华大地在距今 1 万年左右，就已经开始了稻、粟、黍的栽培。良渚古城遗址在 2019 年成功入选世界文化遗产名录，标志着国际学术界对中华文明 5000 多年文明史的认同。在河南偃师二里头遗址，可见"最早的中国"——东亚大陆最早的广域王权国家的形态。

2021 年 10 月，在仰韶文化发现暨中国现代考古学诞生 100 周年纪念大会上，中国考古学会理事长王巍这样回顾了中国百年考古历程："丰富的考古材料，已实证了中国 100 万年人类史、1 万年文化史，以及 5000 多年文明史……"百年来，中国考古不仅证明元谋人、北京人等为代表的古人类是现代中国人的祖先，更以一个个重大发现证明，中华文明源远流长。

2021 年 7 月下旬至 10 月中旬，四川日报全媒体"寻根五千年中华文明，三星堆对话古遗址"大型融媒体报道组针对黄河流域、长江流域 11 处古遗址进行了实地采访。我们在河南安阳殷墟，触摸到中国第一个有文献记载并为甲骨文和考古发掘所证实的商代都城；在河南偃师二里头遗址，感受到"最早的中国"——夏的王朝气象；我们更在河南仰韶村遗址、浙江良渚遗址、陕西石峁遗址、山西陶寺遗址、安徽凌家滩遗址等地，得以管窥在中华文明的起源和早期发展阶段，中华大地的母体上，到处开始文明的孕育。

上下 5000 年，中华大地，这幅文明的画卷波澜壮阔。

文明曙光初现（时间：距今约 5800 年起）

  文明的起源与农业发展密不可分。在最近几十年的考古发现中，可以清楚地看到，中华大地在距今 1 万年左右，就已经开始了稻、粟、黍的栽培。

  王巍是中华文明探源工程首席专家。据他介绍，江西万年县的仙人洞遗址和湖南道县玉蟾岩遗址，距今已超过 1 万年。"它们均出土了稻的植硅体，被认为当时可能已经开始稻作栽培。"到了 2001 年，浙江浦江上山遗址出土数量较多的炭化稻，再次以确凿的证据证明在距今 9000 年至 1 万年，长江流域已开始稻的栽培。而在北方，北京门头沟东胡林遗址，考古人员近年浮选出炭化粟粒，这些距今 1 万年左右的粟为世界最早；此外，内蒙古赤峰兴隆洼遗址，也发现世界上最早的黍。考古学界认为，至少在距今 8000 年前后，中国已初步形成南稻北粟的农业经济格局，为中华五千多年文明的诞生奠定了坚实基础。

  先民们的精神生活开始丰富多彩。王巍介绍，河南贾湖遗址，发现 9000 年前的骨笛，该骨笛是世界上发现的年代最早的笛子；兴隆洼文化和河姆渡文化中都出现玉玦、玉坠等玉质装饰品，它们是早期中华史前先民聪明才智和精神世界的体现。

  在中华文明探源工程启动 20 年来，一系列考古发现已基本确认，在距今 5800 年前后，黄河、长江中下游以及西辽河等区域出现文明起源迹象。

  2020 年 10 月上旬，河南省三门峡市仰韶村遗址正在进行的第四次考古发掘现场可以看到大型环壕等遗迹。此次发掘现场负责人、河南省文物考古研究院史前考古研究室副主任李世伟介绍，这些遗迹所处年代在仰韶文化中晚期，距今 5000 年左右。除了环壕等"城防"设施，还发现玉钺、玉环、象牙镯形器等文物。"玉钺是古代王权象征，发现玉钺残片说明仰韶村遗址存有高等级遗物。"在李世伟看来，此时的仰韶村遗址，"社会复杂化有了比较高程度的发展，文明化进程已经开始"。而就在距离仰韶村100公里远的河南灵宝，几十年前就在这里的西坡遗址发现仰韶文化中期的大型围沟聚落和大型房址。

在长江流域的湖北石家河遗址，一个大型中心聚落在大约5500年前逐渐发展成了一座城——谭家岭古城。湖北省文物考古研究所所长方勤介绍，这座古城有着由黄土堆筑而成的城墙，城墙之外还有城壕，城壕内总面积约26万平方米。城的产生，是人类社会发展到一定阶段的产物，此时文明迹象开始出现。随着历史的车轮向前，谭家岭古城极速扩张，面积达到120万平方米。至今，我们仍能看到石家河古城西、南两面残存的城垣。

安徽凌家滩遗址，距今5800—5300年，这里也发展成为超大型史前聚落。安徽省文物考古研究所研究员张敬国介绍，凌家滩遗址发现的70多座墓葬中，明显可以看出已出现社会阶层和贫富分化。"玉人、玉鹰、玉版、玉龟……身份显赫的贵族陪葬品十分丰富。"此外，遗址还发现人工修筑的祭坛和壕沟，"可以认为，在距今至少5500年前，凌家滩已开启文明的曙光"。

和凌家滩玉器同样精美的，还有千里之外西辽河流域红山文化的玉器。其代表文物玉猪龙，被誉为"中华第一龙"。红山文化中距今5500—5000年的辽宁牛河梁遗址，以祭坛、女神庙和积石冢群以及玉器的发现，让学术界确认，红山文化在中华文明起源中也具有特殊地位和作用。

向文明阔步迈进（时间：距今约5300年）

由于没有考古实证，90多年以前，中华民族上下五千年的历史，只被承认到周代。此上2000多年的历史，被傲慢的西方学术界认为均是传说。1928年，殷墟的科学考古发掘，实证了商代的存在。而伴随着中华文明探源工程的启动，考古人员发现，在距今5300年左右，中华大地各地就已陆续进入文明阶段。

浙江良渚古城遗址，正是从5300年前开始营建。它以稻作农业为基础，渐渐发展成为一个区域性早期国家。

在良渚古城遗址公园，游客可以清楚地看到良渚古城向心式三重结构——宫殿区、内城与外城。它的城墙利用自然地势堆筑，底部铺垫石块，上部由取自山上的黄色黏土分层堆筑，这种筑城墙的做法，目前在中国以及世界同时代的遗址中都属罕见。

良渚古城作为一个国家形态，还体现在大型工程管理组织能力上。浙江省文物考古研究所在良渚的发掘已进行了几十年，他们发现，良渚城址的营建规模宏大，建城所需的上千万立方米的土方，需要1万个劳动力至少10年才能营建；位于古城北部的一座大坝更体现了良渚人高度的组织能力。浙江省文物考古研究所所长方向明曾参与良渚遗址考古发掘。他介绍："为了防止北边山洪对古城的侵害，良渚人在修建古城之前，先动员人力修筑了一座长3.5公里、宽十几米的巨型水坝，这处水坝有高坝低坝之分，除了具有防洪功能，还能调节蓄水用于灌溉。"

在良渚古城的中心莫角山，考古人员还发现了宫殿区，它们位于高十几米、面积约30万平方米的土台之上，面积最大的宫殿可达900平方米。此外，良渚墓地能看出社会已出现分化和分工。方向明特别提到反山12号墓出土的刻有神徽的"琮王"和"钺王"，"这表明良渚社会已实现神权、王权集于一人的统治形态"。

也正因为如此，良渚古城遗址在2019年成功入选世界文化遗产名录，标志着国际学术界对中华文明5000多年文明史的认同,也意味着良渚遗址为中华5000年文明史提供了实证。

近年来,类似的重大考古成果不断出现。河南巩义双槐树遗址距今5300年前后,这处中心聚落,学术界称之为"河洛古国"。

在文明的历史进程中,还有更多的区域文明开始如花朵般绽放。

山西陶寺遗址,临时复原出来的古老观象台矗立在原野之上。4000多年以前,陶寺先民便能"历象日月星辰",指导农业生产。陶寺遗址距今4300—3900年,这里已发现280万平方米的超大型城址、世界最古老的观象台、气势恢宏的大型宫殿、规划有序的城市布局,发现朱书陶文、龙纹陶盘,发现阙楼式门址,发现最早的青铜容器,发现由鼍鼓、石磬等组成的最早的礼器……这里,展露出一个早期国家都城的盛大气象,被学术界认为极可能是"帝尧之都"。王巍认为,没有哪一个遗址能像陶寺遗址这样,全面拥有文明起源形成的要素和标志。在陶寺,可以看到来自其他地区的先进文化因素,说明黄河中游地区的势力集团广泛吸收周围区域文明的先进因素壮大自己,最终脱颖而出。

在西北大地,位于黄土高原北麓的陕西石峁遗址,也以约400万平方米的巨型城址"石破天惊",在学术界引来巨大关注。石峁古城建于一处山峁之上,用石头层层垒砌,形如平顶"金字塔"。超大型城址、雄伟的建筑以及世界上最早的口弦琴、精美玉器等的发现,一展黄土高原上这处神秘古国都邑的风采。牛津大学中国艺术和考古学教授杰西卡·罗森曾这样评价:"石峁和其他许多遗址一起,表明中国的文明有许多根基,并不只限于黄河中游的中原地区。"专家们认为,万邦林立的龙山时代,文明的灯塔已然矗立在黄土高原。

开启中华文明总进程（时间：距今 3800 年前后）

中华文明探源工程认为，在华夏大地各区域先后诞生的文明，在长期交流中相互促进、取长补短、兼收并蓄，并终在中原地区形成了更为成熟的文明形态，并向四方辐射文化影响力，开启了夏商周三代文明。

在河南偃师二里头遗址，我们见到"最早的中国"——东亚大陆最早的广域王权国家的形态。

中国社会科学院考古研究所二里头考古队队长赵海涛介绍，二里头规模宏大、布局严整，无论是规划观念、宫室制度还是出土文物，都能说明它是史无前例的王朝大都。"二里头的规划观念和宫室制度，充分体现出当时国家等级分明、秩序井然的统治格局，独具中国古代政治文明特质的王朝礼制已经形成。二里头的高等级墓葬中，还随葬有铜铃以及漆器、海贝、白陶等稀有物品，这些来自不同地区的资源，体现了二里头统治者对不同地区文化创造的掌握整合和兼收并蓄。"

这里还有中国最早的国家级祭祀场所，发现多处以幼猪为牺牲的祭祀遗存；

最早的官营手工业作坊区，其中的绿松石器加工作坊是迄今东亚地区发现的唯一一处；

最早的青铜器铸造作坊；

最早的青铜礼器群……

"在同一时期的中国甚至东亚地区，只有二里头具备这些史无前例的伟大创造，这说明二里头当时应该处于核心地位以及发展的最高水平。"赵海涛说，尤其难能可贵的是，它表现出来的王朝气象，绝大多数商文明完全继承，并且一直延续了下去，"二里头王国的出现，具有划时代意义，它标志着中国历史从各地文明并存和竞争、满天星斗的古国时代，开始进入了二里头一家独大、月明星稀的王国时代。所以，我们完全可以说它是中华文明总进程的核心引领者。"

在殷墟遗址，我们同样触摸到一个3000年前王朝的背影。作为盘庚迁殷后的商王朝都城，殷墟宫殿宗庙的四合院建筑相当成熟。它们造型庄重肃穆、质朴典雅，这种均衡和秩序感，至今仍被保存下来的古典建筑传承；这里发现甲骨16万余片，目前已释读出来甲骨文4300余字，在甲骨文基础上形成的汉字，至今为中国人所使用。这里还发现了中国最大的青铜器后母戊鼎，见证了中国青铜铸造技术的巅峰；发现中国最早的车马遗迹，这种可能从域外引入的"高新技术"见证了商王朝的开放包容。

在夏商的国家版图之外，尽管还存在着诸如三星堆这样的区域文明，但夏商的礼制传统已开始对外形成强大的辐射和影响。在三星堆，可以看到受二里头文化影响的玉璋、陶盉、镶嵌绿松石的铜牌饰，也能看到和殷墟青铜器相似的青铜尊罍及有领玉璧。二里头的玉璋，更是极可能以三星堆为中转站，向南辐射到越南北部……

知其所来，方知所往。中华文明从满天星斗到交流互鉴，再到百川归海，渐渐形成共同的礼制传统和文化认同，最终促成了中华文明的生生不息、绵延不绝。

作者　吴晓铃　吴梦琳　成博　李婷

博大精深，灿烂辉煌，
古老的智慧传承至今

> 5000年中华文明，凝结着历代中华儿女的勤劳和智慧，至今光芒绽放。仰韶文化、玉文化、青铜文明……先民的聪明才智让华夏历史为世惊叹。
>
> 世界最早的观象台、世界上最早的口弦琴、殷墟甲骨文……数千年前的发明创造、独特的礼仪制度、丰富的文化艺术成果，仍然影响后世。

17年前，山西陶寺遗址考古人员在耗时两年多的反复求证和模拟观测后，终于在某一天，看到一道亮眼的光芒从观象台立柱缝隙中照射进来。那一刻，全场激奋。这是4100多年前的观象台。这道来之不易的光，证明中国人至少早在4000年以前，就能够"历象日月星辰，敬授人时"……

2021年7月下旬至10月中旬，四川日报全媒体"寻根五千年中华文明，三星堆对话古遗址"大型融媒体报道组从三星堆出发，实地采访黄河、长江流域的11处古遗址，真切感受到中华文明起源和早期发展阶段，中华大地上不同区域特色鲜明的灿烂文化——陶寺的观象台比英国的巨石阵还要早约500年，为世界最早；殷墟发现的甲骨文，是世界上最成熟的文字体系之一，在此基础上演化的汉字传承至今；即使远在中国西南的三星堆，也创造了神秘独特的青铜文化，堪称世界青铜文明的明珠。

回看5000年中华文明，它们凝结着历代中华儿女的勤劳和智慧，至今光芒绽放。

各美其美
中华大地文化璀璨

早在距今 7000—5000 年，黄河中游地区的仰韶文化便创造了古朴生动、充满生活气息的彩陶文化，其中在河南濮阳西水坡发现用蚌壳摆塑的龙虎图案，这是中国迄今所知最完整的原始时代龙虎形象。伴随着仰韶文化强大的辐射力，彩陶开始大范围传播，掀起史前第一次艺术浪潮。如今走进历史课本的人面鱼纹彩陶盆、三鱼纹彩陶盆等文物，便是仰韶文化彩陶的代表之作。

在仰韶文化影响下，距今 5300—4700 年的甘肃马家窑文化时期的彩陶，也进入灿烂辉煌的鼎盛阶段。甘肃省文物考古研究所研究员郎树德介绍，马家窑彩陶器型繁多、纹饰繁缛精细，风格绚丽典雅，不仅是甘肃彩陶艺术的巅峰之作，而且也代表了中国彩陶的最高水平。尤其值得一提的是，有学者认为中国的彩陶文化从黄河流域开始，曾经一路西进，沿着天山山脉到达了巴尔喀什湖（位于今哈萨克斯坦）东岸一线。在长达数千年的西渐过程中，中原远古文化与古老的西域文化融为一体，逐渐形成新的地方性考古文化。

在五六千年以前，玉文化也开始在中国东北部以及长江流域出现。

浙江良渚古城遗址，最有代表性的出土文物便是玉器，其中又以玉琮最为独特，它相通的中孔象征着沟通天地的能力。良渚文化的十节玉琮，在 1000 多年以后，甚至出现在成都金沙遗址，说明"以玉作六器，以礼天地四方。以苍璧礼天，以黄琮礼地"的礼制文化，在华夏大地得到广泛认同。

安徽凌家滩遗址，在距今 5800—5300 年，是中国史前第一个玉文化高峰。凌家滩曾出土一套玉龟和玉版，学术界认为类似于原始的八卦图，并不仅仅只有占卜的内涵，还代表着凌家滩人已经有了观测天文、研究"时空"的思想。此外，凌家滩出土的另一件玉人，身上有着一个直径仅 0.15 毫米的钻孔，仅能穿过两三根头发丝。说明在 5000 多年以前，凌家滩先民已经掌握杰出的制玉技术，具备高超的艺术审美能力和创造力。这种钻孔技术如何完成，至今仍是未解之谜。

在更广阔的区域，各地先民也充分展示了聪明才智。陕西石峁遗址，是一座由石头"砌"出来的城。石峁人把黄土高原上独立的小山包用石头垒筑包裹，气势恢宏，巍峨壮丽，宛如一座超大型的平顶金字塔。而这座 4000 多年前的城址，面积达到约 400 万平方米，为中国史前城址之最。在三星堆，原本史料记载古蜀"不晓文字，未有礼乐"，考古发掘出来的体量高大的青铜神树、神秘诡谲的青铜面具等文物，却证明早在 3000 多年前的中国西南，曾经存在着一支发达的青铜文明。中国考古学会理事长王巍曾表示，"三星堆创造的青铜文明，即使在世界青铜文明史上也是一颗耀眼的明珠。"

成就瞩目
凝结先民智慧创造

先民的智慧和创造力，留下了令人瞩目的成就。

陶寺遗址，学术界认为最有可能是帝尧之都。在《尚书·尧典》中，曾记载尧帝"历象日月星辰，敬授人时"。说明在尧帝时期，已有相对成熟的天文历法用来指导农耕。在陶寺发掘中，考古人员果然发现了观象台。经过两年多的实地模拟观测以及天文学家的助阵，陶寺观象台已确认能够观测到 20 个节气。12 道观测缝，只有 1 号缝没有观测日出的功能，从第二个狭缝看到日出为冬至日，第 12 个狭缝看到日出为夏至日。春分和秋分则同时可以从第 7 个狭缝看到日出……这 20 个节气，被认为是二十四节气的祖源。而陶寺观象台年代在距今4100年左右，如果英国巨石阵确认有观测天象功能，那么陶寺观象台比它早了约500年！

青铜技术一般认为源自中亚或者西亚，被中国古代先民创造性地加工，使用范铸法来铸造青铜容器或礼器。在陶寺遗址，发现了用范铸法铸造的中国最早的铜铃。虽然它只有五六厘米长，三厘米左右宽，做工粗劣，却可以明显看出是用"复合范"铸造的铜器。它的出现，说明4000多年以前，陶寺先民可能已经掌握了范铸工艺。这件铜铃，同时也是迄今为止发现的中国历史上第一件金属乐器。

在陕西石峁，世界上最早的口弦琴出现了。在石峁发现口弦琴以前，蒙古汉代匈奴贵族墓出土的口弦琴被认为世界最早。石峁发现口弦琴，将这一历史一举提前了2000多年。口弦琴在中国先秦文献记载中称为簧。"我有嘉宾，鼓瑟吹笙。吹笙鼓簧，承筐是将"，这里的簧就是口弦琴。在考古发掘中，它出现的地方往往是等级较高的遗址，比如可能为帝尧之都的陶寺遗址。在石峁，簧出现在核心区"皇城台"。这里还发现了骨笛、骨哨等其他乐器，给了考古人员无限的遐想空间。这些乐器当属当时组合式演奏的重要组成部分，说明礼乐制度在当时或已开始形成。

石峁遗址，还发现两百多块壁画残片，其中最大的面积近40平方厘米。这批壁画无论在制作工艺还是绘制技法上，都和汉代以后的壁画较为相似，说明中国早期壁画的制作工艺及绘制技法早在4000多年前的史前时期便已经确立。而石峁所在区域，很可能就是中国壁画的发源地。

一个王朝的背影，3000年前的帝都殷墟，达到中国青铜艺术的顶峰。这里出土了世界最大的青铜器后母戊鼎，832.84公斤的重量，雄伟庄严的造型，堪称当之无愧的中国商代青铜文明代表作。在后母戊鼎的背后，是殷墟发达的青铜制造业。

这里是发现铸铜作坊最多的古代都城，2015年发现的一座铅锭贮藏坑存有铅锭3.4吨，可铸造数十吨青铜器。

在中国古代先民的发明创造中，甲骨文享誉世界。而甲骨文发现之前，中国5000多年的文明史只被承认到周。当殷墟甲骨文经科学考古发掘出土以后，中国的信史一举提前了1000多年，文献记载中的商王朝展露出一个王朝的气度。尤其值得一提的是，殷墟出土的甲骨迄今已有16万余片，发现4300多个文字。经甲骨文专家数十年如一日的残片缀合和释读，现在能够识读的已有1500多个。当古埃及、古巴比伦的文字在历史中消失，唯有在甲骨文基础上形成的汉字在3000多年以后仍在为中国人所使用……

流传千年
文化艺术生生不息

历史的车轮滚滚向前，数千年前的发明创造、独特的礼仪制度、丰富的文化艺术成果，却仍然影响着后世。正是数千年文化的丰厚滋养，中华民族才生生不息、根深叶茂。

在一个又一个考古遗址中，我们可以清晰地看到，中国历代都城的城郭制度、城址规划、宫城形制，或许可以上溯到4000多年以前。

在陶寺遗址的宫城南墙，考古人员2015年发现一种阙楼式门址。从平面图上来看，两处"阙楼"从宫城南东门的南城墙上延伸出来，呈现"L"形状。这种结构复杂、形制特殊的门址，是目前中国发现的最早阙楼式门址。更有意思的是，这竟然是2500年后隋唐时期洛阳应天门阙楼的基本形态，就连现在的北京紫禁城午门，也沿袭继承了这种4000年前的阙楼模式，说明它不仅具有较强的防御色彩，应该还兼具礼仪作用。

几乎同一时代的石峁遗址，则在外城东门址上设计规划了双瓮城结构，城墙每隔一定距离还设计了突出的矩形墩台——马面，以防敌人从侧面攻击来袭。这种双瓮城结构和马面，是目前中国发现的时代最早的瓮城和马面实例，也几乎是数千年来中国城墙的标配。

到了二里头时期，这里城址的规划观念和宫室制度，充分体现出当时国家等级分明、秩序井然的统治格局。尤其建筑坐北朝南、一号宫殿为代表的一门三道制度，被后世皇家建筑一直沿用，至今在故宫午门还能看到。

为了建筑物的稳固美观，古代先民也贡献着智慧。在仰韶村遗址，考古人员发现距今5000多年前的"混凝土"。这是目前中国考古发现年代最早的类似水泥混凝土的房屋建筑材料，它的颜色和质地完全区别于仰韶文化常见的草拌泥红烧土，质地坚硬，应该是用于平整地面。至于墙壁的"粉刷"，仰韶先民则用"涂朱"的方式进行。而这些当时的先进建筑材料，自然只用于高等级建筑。

在石峁，我们还见到一种4000多年前的建筑"钢筋"。当时的石峁先民为了城墙稳固，在石砌城墙中留出孔洞，内插圆木。这种结构，类似于今日在混凝土结构中加入钢筋，也即北宋《营造法式》中记载的"纴木"。史学界一般认为纴木最早出现在汉朝，而石峁人在4000多年前已会使用"纴木"，堪称古代建筑技术的创举……

5000年历史浩浩汤汤。

在更长的历史时期，中国以儒家思想、"四大发明"等为代表，向世界贡献了深刻的思想体系，丰富的科技文化艺术成果，独特的制度创造，深刻影响了世界文明进程。也正是中华文明的博大精深和灿烂辉煌，才汇聚成今日国人强大的文化自信，助力我们阔步迈向中华民族伟大复兴。

作者　吴晓铃　吴梦琳　边钰　成博　李婷

多元一体，满天星光闪耀中华

> 一系列的考古发现，不断冲击和改写此前关于中华文明起源的"中原中心论"认知，"中华文明起源多元说"也从提出到被屡次证实。
>
> 文化交往并非线性的，而是辐射交织着，甚至存在诸多"中转"等现象。陕西汉中平原的宝山遗址，或是中原文明联通古蜀文明的一个"中转站"。
>
> 正是共同的精神信仰，使多元的区域文化圈始终被紧紧凝结于中华文化这样一个大的框架之中。

我们从哪里来？这不仅是一个哲学问题，也是一个考古学问题。

在过去很长一段时间里，中华文明起源中原中心论的观点，在学术界占据主要地位。然而自20世七八十年代以来，随着良渚、石家河、凌家滩、三星堆等一批长江流域重要遗址，以及更大范围内高度发达史前文化的发现，不断冲击着这一认识，著名考古学家苏秉琦率先明确提出中华文明"满天星斗说"，开启了对于中国文明起源形成和发展认知的重构。

自2004年"中华文明探源工程"正式实施以来，考古事业取得突飞猛进的发展，一大批丰富的考古材料，实证了中华文明"多元一体、兼容并蓄、绵延不断"的总体特征——中华文明在起源和早期发展阶段，许多个不同地域文明独立孕育，呈现多元格局，在长期发展中，交流互动、兼收并蓄、取长补短，最终走向一体化趋势。

正在持续进行的三星堆遗址新一轮考古发掘成果不断再现，值此之机，2021年7月下旬至10月中旬，四川日报全媒体"寻根五千年中华文明，三星堆对话古遗址"大型融媒体报道小组踏上寻访之路。古老的遗址和出土的丰厚文物，以不可辩驳的事实证明中华文明多地起源、并存发展；丰富多样，交流互鉴，最终兼收并蓄，百川归海。

多元格局
系列考古发现改写文明起源的认知

自20世纪七八十年代以来，在中原地区之外，一大批高度发达的史前遗址重要发现"接踵而至"，让学术界开启了一场关于中国文明起源的重新思考和讨论。

水，生命之源。文明的起源，也与水息息相关。

100年前，地处黄河流域中游的中原地区，因仰韶文化的考古发现，破除了中华文化的西来之说，中华文明的起源，就在中华大地之上。但由于考古资料的缺乏，中华文明起源的"中原中心论"一度在很长一段时间成为学界的主流认知。

从20世纪七八十年代开始，随着全国考古工作广泛开展，从中原沿黄河向上的陕西石峁、山西陶寺，从中原沿黄河而下的山东大汶口，都发现了能够与中原文化相提并论的高度发达的史前文化遗址。

石峁地处黄土高原北部，有不少人都用"石破天惊"来形容石峁被发现时所带来的巨大震撼。

和三星堆一样，石峁早在20世纪20年代就已有玉器流出，受到古董商人关注。1976年，西北大学考古系教授戴应新赴陕北考古调查，在当地废品收购站工作人员指引下，他赴高家堡镇征集到100多件玉器，当时，他就敏锐地意识到，这里一定存在着一种高等级文化。

陕西省文物考古研究院石峁遗址考古队副队长邵晶介绍，随着近年来的考古发掘，石峁的整体面貌已经被清楚认识——

这是一座距今4300年至3800年由石头"砌"出来的城,面积超过400万平方米,是迄今中国乃至东亚发现的规模最大的史前城址。"现在已基本可以确认它是当时一个早期国家的都城遗址,是公元前2300年中国北方区域政体的中心。而且石峁这个考古学文化和4000年前中原地区的考古学文化截然不同,这在很大程度上改变了人们对中国早期文明格局和中华文明起源的传统认识。"不仅于此,在远离黄河流域之外,长江流域从上游至下游的四川三星堆、湖北石家河、安徽凌家滩、浙江良渚,以及以内蒙古红山为代表的辽河流域,重要发现接踵而至,不断冲击和改写此前的认知。

在20世纪80年代三星堆"一醒惊天下"之前,人们没想到,在中国西南竟然还存在这样一个发达的区域文明。

在湖北省天门市,探访长江中游规模最大的史前遗址石家河。这是一个延续了约2000年的发达史前文化,主体年代时间距今5900年至3800年,遗存分布十分丰富,除了大型城址之外,还有专业化、规模化的制陶作坊,在作坊处留存至今的红陶杯残件就超过200万件。湖北省博物馆馆长、湖北省文物考古研究所所长方勤介绍,从聚落功能的专门分区和出土遗物的等级及丰富性等多方面分析,石家河遗址可以被视为当时长江中游地区文明的中心,具有文化引领与文化辐射的重要地位。

位于长江下游的良渚古城,可谓"5000千年前的东方威尼斯"。报道组来到良渚古城遗址公园,感受这座规划有序、河水纵横川流的发达的古国城邦,惊叹于良渚先民是用何等的智慧和组织力,才创造出一座如此恢宏壮观的水上古城。"良渚文化虽然没有金属,没有明确的文字,但是我们发现其大型的工程、社会等级以及生产力的发展,足以证明它的社会,绝不亚于古埃及以及印度河流域的文明程度。"浙江省文物考古研究所所长方向明说。

这一系列丰富的考古材料,修正了此前关于中华文明起源的观点，推动了"中华文明起源多元说"从提出到被屡次证实。

交流碰撞
跨越时空文化基因一脉相承

各地文化圈，在长期发展的过程中，交流互动、兼收并蓄、取长补短，既相互竞争又融合发展，最终呈现走向一体化的趋势。

玉琮，良渚文化创造的独特玉器，这样的复杂几何体，也体现着良渚先民的宇宙观。不久前，三星堆最新发现一件刻有两棵神树纹的玉琮，这是将来自外地的玉器刻上三星堆人宗教信仰中的一个重要体现；青铜尊，是中原商王朝的创造，不久前，三星堆最新发现一件青铜顶尊人像，将三星堆独持的人像造型与尊造型结合为一体……这些，都是文化融合交流的鲜活例证。

在中华文明起源和早期发展阶段，基于环境基础、经济内容等方面，孕育出独具特色、存在差异的各个地域性文化圈，交相辉映、多姿多彩。不同特征的文明的发展过程，从来不是孤立和封闭的，而是互相交流、互相影响，这样一种紧密相似和活跃联系，超越了地理空间，也跨越了时间，不同的时空，文化的基因却依然一脉相承。

三星堆虽然创造出了独特的青铜文明，但它的技术、礼制等很多东西并非无源之水、无根之木，都能找到源头。"从铸铜技术来说，三星堆就是在中原基础上有所创新和发展，但根本上就是范铸，其源头可以追溯到龙山时代，那时出土铜器较多的是陶寺遗址。"陶寺考古队领队、中国社会科学院考古研究所研究员高江涛说。此外，三星堆也发现了很多铜铃，而迄今为止中国发现的最早铜铃就在陶寺，从礼乐角度而言堪称一脉相承。

在石家河遗址出土的400余件精美绝伦的玉器中,谭家岭2015年出土的神秘玉人头像颇受关注。头戴平顶冠,眼目凸出、阔嘴且含獠牙、鹰钩鼻,还有两边耳朵的耳垂上都有耳洞,这与三星堆出土的青铜人像颇为相似。

在方勤看来,石家河出土的这件神秘玉人头像,头像五官都十分夸张,代表着一种对于神权人物或者巫师形象的想象:凸出的大眼,或许代表着千里眼,大耳代表顺风耳,阔嘴和高隆的鼻子,也代表着更为发达的感官,整体呈现威严的形象。"石家河所设定的这样一种神权的形象,在后来被继承,比如三星堆文化。只是三星堆铸造的人像,所使用的是青铜器,从材质上来说,青铜可以比玉器做得更加夸张。"

这样的文化交往并非线性的,而是辐射交织着,甚至存在诸多"中转"等现象。

四川省文物考古研究院三星堆工作站站长冉宏林说,三星堆所出土的玉琮,与良渚本土的玉琮依然有一些风格上的不同。良渚玉琮自始至终都保留着有弧度的凸边,而当玉琮被传到三星堆和金沙时,这种弧凸已经消失了,变成一种内圆外方的式样,琮上的分节和纹饰也发生变化,说明在接受良渚文化影响时,并非是受很直接的影响,而是通过一些"中间站",或者是通过"传世"等方式,体现着文化的传播和影响。

位于陕西汉中平原的宝山遗址,创造了数量可观、造型丰富的"城洋青铜器群",呈现中原商文化的典型特征,而出土的与中原殷墟妇好墓中同款的方罍,又与古蜀文明存在诸多相似和联系,而且还独树一帜,有学者认为,这里就是中原文明联通古蜀文明的一个"中转站"。

走向一体
共同书写灿烂悠久中华文明

在共同的精神信仰的更大框架之下，各地文化圈结成一个"丛体"，在中华文明形成过程中，各民族都做出了贡献，共同书写灿烂悠久的中华文明。

在石峁古城中，有一个重要的习俗——藏玉于墙。当年的石峁人在修建城墙的时候，把扁平的玉戈、玉刀等可以辟邪的玉器插到墙体中。有意思的是，三星堆青关山一号建筑基址的红烧土墙体和夯土基础中，也发现了把象牙和玉石器埋在墙体中的行为。对此，邵晶认为，虽然两个地方在城墙中放的玉器种类略有差异，但表达的应该是同一种美好的寓意——祈求城墙或建筑永固。不仅如此，石峁遗址城墙上雕刻的神面，和三星堆出土的青铜兽面，也有着相似的"大眼咧嘴"的表达。

在邵晶看来，这种相似之处具有深刻意义。"尽管三星堆、良渚、石家河、石峁都是独具特色的区域文明，但它们并非没有任何关系。相反，这些神人面或者兽面的相似，说明它们对神的认知一致，都认可这种头戴羽冠、阔嘴龇牙的形象才具有神的能力。石峁城墙上的菱形器，可能代表的也是眼睛。三星堆发现大量的眼形器，说明两地也有共同的精神信仰。"

同样，方向明也表示："当我们把视野时空放得更大，在中华古代文明版图上，不同地区的先民们其实有着相同的思想观念，但也许由于各地不同的生业经济而通过不同的载体来体现同样的一种观念。"

正是共同的精神信仰，使多元的区域文化圈始终被紧紧凝结于中华文化这样一个大的框架之中。

2018年，在中华文明探源工程成果发布会上，北京大学考古文博学院教授赵辉用"巨大的丛体"来形容中华文明。"规模之大，超过了同时期世界上其他的古代文明，从这个意义上，可以把这个丛体看成一个整体；但里面还是分散的，各个文明相互竞争、独立发展过程中，彼此又有很多交流互鉴，于是呈现越来越一体化趋势，这被我们称为中华文明的多元一体。"

"各个区域的文明彼此保持着较为密切的联系，相互交流，相互影响，逐渐形成了后来成为中华文明核心基因的共性因素，如以玉为贵的观点、龙的信仰、祖先崇拜、天人合一、礼仪制度、和合思想等。"中国考古学会理事长、中国社会科学院学部委员王巍表示，在这样的发展过程中，距今4000年左右，中原地区的文明在吸收周边地区各文明的先进因素基础上，强势发展，崛起成为最为兴盛的文明，形成中国历史上第一个王朝——夏，开启了以中原地区为核心、共同走向一体化的历史格局。

10月中旬，当报道组一行站在河南偃师二里头遗址土地之上，望着眼前的广袤原野，脑海中试图还原那些规模宏大、布局严整的宫城，中国最早的国家级祭祀场所、最早的青铜器作坊、最早的青铜礼器群，似乎感受到了金玉共振、礼乐相和、龙腾华夏……中华文明正是在海纳百川、博采众长，在吸收多民族文化特征的基础上，奠定了一整套经济、文化与礼制基础，一个新的一体化的文明进程也就此展开。

作者　吴梦琳　吴晓铃　成博　边钰　李婷